JN440958

10대를 위한 불안 세대

THE AMAZING GENERATION
Your Guide to Fun and Freedom in a Screen-Filled World

Text written by Jonathan Haidt and Catherine Price

This edition published by arrangement with Brockman, Inc., and Rocky Pond Books, an imprint of Penguin Young Readers Group, a division of Penguin Random House LLC.

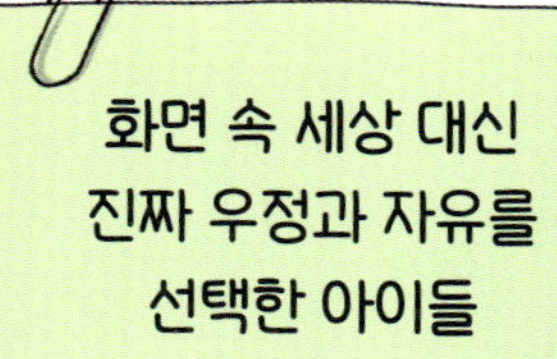

The Amazing Generation

10대를 위한 불안 세대

조너선 하이트 · 캐서린 프라이스 지음
신시아 유안 쳉 그림 | 이충호 옮김

Jonathan Haidt

Catherine Price

웅진지식하우스

추천의 글

스마트폰 시대를 살아가는 10대에게 이 책은 “하지 마라”가 아닌 “어떻게 선택할 것인가”를 묻는 안내서입니다. 과학적 근거와 실제 사례를 바탕으로, 스마트폰과 SNS가 불안과 외로움을 키우는 구조를 아이들의 눈높이에서 풀어냅니다. 특히 훈계가 아닌 이해와 주도적 선택을 강조하는 점이 인상 깊습니다. 10대와 부모 모두에게 지금 꼭 필요한 현실적이고도 용기 있는 책입니다.

— **방종임**(‘교육대기자TV’ 운영자, 『대한민국 교육 키워드』 저자)

거대 테크 기업에 의해 스크린 감옥에 갇히게 된 아동과 청소년이 스스로 풀려날 수 있도록 깨우침과 함께 자유를 되돌려주는 책. 충실한 증언, 풍부한 제안, 만화와 일러스트를 곁들여, 우리 아이들이 디지털 미디어 과의존의 폐해와 독성으로 인해 어떤 피해를 겪고 있는지 밝히고, 건강한 삶을 찾기 위해 필요한 것이 무엇인지를 안내합니다. 테크 마법에 대한 예방 백신이자 해독서가 될 이 책을 모든 가정과 학교에 권하고 싶습니다.

— **김현수**(명지병원 정신건강의학과 임상교수)

눈이 번쩍 뜨인다. 아이들을 위해 쓰였지만,
아이들을 어떻게 설득해야 할지
막막한 부모들에게도 유용하다.

— **《보스턴 글로브》**

『불안 세대』 저자가 휴대폰 없는 즐거움으로 아이들을 안내한다.

— NPR

아이들이 스마트폰 화면을 여는 삶에서 벗어나, 자기 삶의 화면을 열어 자신에게 주어진 값진 재능과 가치를 제대로 즐기는 삶을 살기를 바란다면, 이 책을 아이들에게 선물하는 것보다 더 좋은 방법은 없다. 책을 읽으며 아이들은 스스로 자신을 설득할 것이고, 그렇게 점점 스마트폰과 멀어지고 자기 자신과 가까워질 것이다.

— **김종원**(『너에게 들려주는 단단한 말』 저자)

뼈아픈 진실이 가득하지만, 독자를 존중하는 태도와 긍정적인 희망을 잃지 않는다.

— 《스쿨 라이브러리 저널》

누군가는 스마트폰에 시간을 허비하고 있을 때, 누군가는 세상을 배우며 인생을 더 찬란하고 가치 있게 살아갑니다. 여러분은 어떤 사람이 되고 싶나요? 테크 기업의 은밀한 조종 속에서 길을 잃었다면, 이 책을 만난 건 정말이지 큰 행운입니다! 이제 가짜 세상에서 벗어나 진짜 우정, 진짜 자유, 진짜 재미를 되찾으라는 이 책의 다정한 목소리에 귀를 기울여 보세요.

— **김지훈**(초등학교 교사, 『내가 나라서 정말 좋아』 저자)

모든 부모가 더 명확한 경계 설정, 줄어든 주도권 다툼,
실제 지속 가능한 계획을 바탕으로
자녀와 '스마트폰 대화'를 이끌어 가는 데 도움이 된다.

—《오프라 데일리》

프랑스에서 스마트폰이 금지된 교실을 지켜보며, 아이들의 시선이 화면 속 타인이 아닌 자신의 내면으로 향하는 것을 목도했다. 『10대를 위한 불안 세대』는 이 놀라운 변화를 아이 스스로 이루게 만드는 마법 같은 안내서다. 이제 아이들은 스마트폰 전쟁에서 스스로 빠져나와, 화면이 아닌 자신의 마음을 무엇으로 채울지 고민하며 건강한 청소년기를 보낼 것이다.

— **최은아**(『자발적 방관육아』, 『초등 공부 시작의 기술』 저자)

모두가 스마트폰만 쳐다보며 세상과 멀어질 때, 저는 스마트폰과 SNS 없이 학창 시절을 보냈습니다. 디지털 세계 바깥에서 얻은 진짜 우정과 자유와 재미는 제 인생의 가장 소중한 자산 중 하나가 되었습니다. 다시 그때로 돌아가도 제 선택은 변함이 없을 것입니다. 이 책을 통해 독자 여러분이 걸어갈 경이로운 삶을 응원합니다.

— **김유진**(2025 서울대 의대 수석 입학생)

이 책은 올해 모든 가정에서 일어날 수 있는
가장 좋은 일이 될 것입니다. 마침내 기술에
저항할 수 있는 로드맵이 생긴 것 같습니다.

— 아마존 독자 리뷰

아이들 스스로 책임감을 부여하고
맞서 싸울 힘을 준다.

—《워싱턴 포스트》

우리 아이들과 그 저항아 친구들에게 바친다.

-조너선 하이트, 캐서린 프라이스

똑똑하고 창의적이고 영감이 넘치는 다음 세대,

그다음 세대의 경이로운 아이들에게 바친다.

-신시아 유안 쳉

이 책에 대해

이 책은 무려 250만 부가 팔리며 전 세계를 충격에 빠뜨린 『불안 세대』를 너희들 눈높이에 맞춰 새롭게 만든 책이야. 『불안 세대』를 쓴 조너선 하이트 교수님은 유명한 심리학자인데, 지금은 고등학생이나 성인이 된 너희 바로 윗세대 선배들이 어릴 때부터 스마트폰과 SNS를 사용하기 시작하면서, 뇌가 망가지고 마음이 병든 '불안 세대'가 되었다고 진단했어.

수많은 부모는 깜짝 놀랐어. 어른 없이 밖에서 노는 것보다 방 안에서 스마트폰을 하는 것이 더 안전하고 유익할 거라고 생각했거든. 하지만 결과는 정반대였던 거지. 이제 우리나라를 포함해 세계 여러 정부는 너희를 보호하기 위해 스마트폰과 SNS 사용을 제한하는 법과 정책들을 내놓고 있어.

하지만 테크 기업이 만든 제품과 기술은 중독성이 너무 강해서, 그것과 맞서 싸우려면 특별한 힘과 지혜가 필요해. 이 책은 너희가 '불안 세대'가 되지 않도록 방법을 알려줄 거야.

차례

머리말 탐욕스러운 마법사와 돌의 저주 10

1부 테크 마법사들의 등장, 그리고 그들의 거짓말 26

2부 테크 마법사의 비밀 60

비밀 1 테크 마법사가 파는 것은 앱이 아니고 바로 '너'다 65

비밀 2 '공짜' 앱은 사실 공짜가 아니다 75

비밀 3 테크 마법사들은 우리 뇌를 해킹한다 95

비밀 4 테크 마법사들은 우리 뇌를 재편한다 117

비밀 5 테크 마법사들은 자신들의 제품이 아이들에게 해롭다는 사실을 알고 있다 131

3부 저항아가 되는 방법 146

기술을 도구로 사용하는 방법 149

자신의 삶을 '진짜' 우정과 자유와 재미로 가득 채우는 방법 191

맺음말 너의 미래는 네 손에 달려 있어 234

주석과 출처 240

더 알고 싶으면 240

감사의 말 241

R!

머리말
머리말
맺음말

탐욕스러운 마법사와 돌의 저주

먼 옛날, 마법사들이 마법의 돌들을 만들었어. 반짝이는 보석이 여기저기 박히고 찬란하게 빛나는 돌들이었지. 마법사들은 이 돌을 하나라도 집는 사람에게는 **우정**과 **자유**와 **재미**가 찾아올 거라고 약속했지. 사람들은 서로 돌을 집으려고 달려들었고, 얼마 지나지 않아 돌을 얻지 못한 사람은 왕따를 당하는 느낌이 들었어.

몇몇 마법사는 약속을 지키려고 했지만, 다른 마법사들은 탐욕이 꿈틀거리기 시작했어. 그들은 사람들의 삶을 더 좋게 만드는 대신에 사람들이 어디를 가든지 돌을 들고 다니면서 하루 종일 그걸 들여다보게 만들었어. 왜냐고? 탐욕스러운 마법사들이 인간의 에너지를 금으로 바꾸는 방법을 발견했기 때문이야.

사람들이 돌을 들여다보는 데 시간을 많이 쓸수록 탐욕스러운 마법사들은 더 부자가 되었어. **그리고 그들이 약속한 것은 갈수록 거짓말처럼 보이기 시작했지.**

사람들은 우정을 얻기는커녕 외로움을 느끼기 시작했어. 재미를 얻기는커녕 불안이 커지고 슬픔을 자주 느꼈지. 자유를 얻기는커녕 돌에 지배당하는 느낌이 점점 커졌어.

그런데 그때 **놀라운 일이 일어났어.** 용감한 몇몇 아이들이 돌에서 고개를 들어 주변을 둘러보았던 거야. 주변의 모든 사람이 자신

이 든 돌에 정신이 팔린 채 꼼짝도 않고 서 있었어. 아이들은 이 감옥에서 탈출하기로 결정했지.

이 어린 저항아들은 서로 함께 시간을 보내고, 모험을 하고, 돌의 마법에 빠지기 이전 시절에 하고 싶었던 일들을 하기 시작했어. 이렇게 함께 한 모든 경험을 통해 이들은 자신감이 더 커졌고 서로 연결된 느낌이 강해졌어. 그리고 더 많은 재미를 얻을수록 더 강해져 갔지.

다른 아이들과 십대들도 이 저항아들의 웃음소리를 듣고 이 대열에 합류하기로 결정했어. 탐욕스러운 마법사들은 이대로 두면 자신들의 힘을 잃을지도 모른다는 두려움에 휩싸여 돌에 더 많은 마법을 집어넣기 시작했어. 이것은 마법사들이 처음으로 맞닥뜨린 저항이었고, 큰 위기를 느꼈지.

지금 이 반란은 계속 널리 퍼져 가고 있어. 한쪽에는 더 큰 부자가 되기 위해 사람들의 에너지를 빼앗으려 애쓰는, 탐욕스러운 마법사들이 있어. 그리고 그 반대쪽에는 마법사들의 속임수를 깨닫고 자신의 에너지를 자신을 위해 쓰길 원하는 저항아들이 있지. 단지 이들 세대뿐만 아니라 미래 세대들의 삶이 이 싸움의 승패에 달려 있어.

그 승자는 과연 누가 될까?

그것은 바로 너희에게 달려 있어.

현실 세계에서 일어난 반란

이 이야기는 그냥 동화에 불과한 게 아니야. 짐작했겠지만, 이 이야기에 나오는 **마법의 돌은 스마트폰**이야.

반짝이는 보석은 더 많은 우정과 자유와 재미를 약속하는 **앱, 사이트, 게임**인데, 실제로는 사람들의 시간과 에너지를 빼앗아 가도록 설계돼 있지. 마법사는 우리의 시간과 에너지를 돈으로 바꾸어 자기 호주머니에 챙겨.

모든 전화가 다 마법의 돌은 아니야. 오직 '스마트폰'만 마법의 돌이야.

그럼 **마법사**는 누구일까? 스마트폰과 앱, SNS(소셜 미디어) 플랫폼, 게임을 개발하고 판매하는 **테크 회사를 이끄는 사람들**이야.

사실, 이런 회사들에서 일하는 '대다수' 사람들은 좋은 사람들이야. 그들은 유용한(경이로운) 제품을 만드는 일을 열심히 하고 있어. 그중에는 기술을 사용해 우리의 삶을 더 낫게 만들려고 이 업계에 뛰어든 사람이 많아. 그리고 기술은 실제로 많은 측면에서 우리의 삶을 개선하고 있어.

그런데 그 과정에서 일부 기업가들은 무엇보다도 돈을 버는 것에 더 큰 관심을 쏟기 시작했어. 돈에 집착한 이들은 돈벌이만 된다면 사람들(아이들을 포함해!)에게 해로운 짓도 서슴지 않으려고 했어. 이들이 바로 '탐욕스러운 마법사'들이야.

저항아들의 등장

이야기에 나오는 **저항아들도 실제로 존재해**. 이 **경이로운 아이들**은 탐욕스러운 테크 마법사 대신에 자신에게 도움이 되도록 기술을 사용하는 방법을 알아. 이들은 가능하면 현실 세계에서 살아가는 쪽을 선택하고, 생각 없이 다수를 따라가는 대신에 스스로 생각해서 좋은 길을 선택하려고 해.

저항아들은 쉽게 알아볼 수 있어. 이들은 좀비처럼 가만히 앉아 스마트폰 화면만 보고 있지 않아. 이들은 세상 밖으로 나와 활발하게 활동하면서 많은 일을 실제로 해. 그리고 '진짜' 우정과 '진짜' 자유와 '진짜' 재미가 넘쳐 나는 삶을 살아가지.

너도 이 집단에 동참하고 싶지 않니? **이 책은 그 길을 안내할 거야**.

저항아의 행동 수칙

- **기술을 도구로 사용하라. 기술이 나를 사용하게 하지 마라.**
- **자신의 삶을 진짜 우정과 자유와 재미로 채우라.**

각양각색의 저항아

저항아 중에는 많은 사람과 어울리길 좋아하는 사람도 있고, 혼자 있길 좋아하는 사람도 있고, 가까운 몇 명하고만 소통하길 선호하는 사람도 있어. 직접 운동과 단체를 조직하고, 사람들을 설득해 참여하도록 이끄는 지도자 유형도 있어. 또한 개인적인 활동을 통해 저항하는 사람도 있는데, 예컨대 스마트폰이나 SNS 사용 시기를 늦추거나, 현실 세계의 취미 활동에 시간을 많이 쓰고 화면에 시간을 덜 쓰려고 노력하지.

다시 말해서, 저항아는 다양한 유형이 있어. 그리고 저항아는 누구든지 될 수 있어. 너를 포함해서 말이야.

스마트폰이나 태블릿, SNS 계정, 게임기를 갖고 있더라도 얼마든지 저항아가 될 수 있어. 방법을 알고 싶으면 이 책을 계속 읽어 봐.

난 스마트폰의 필요성을 못 느껴. 나는 현실 세계에서 사람들과 직접 어울리는 게 더 좋아.

-샤일로, 12세

나는 6개월 전부터 SNS 사용을 줄이기 시작했어. 이후로 책 읽는 시간과 잠자는 시간이 늘어났어. 또, 스스로 생각하고, 나 자신을 위해 더 많은 시간을 쓰게 되었지.

-브리스털, 15세

너희 바로 윗세대
(1996~2012년생)
= Z 세대

너희 세대
(2013~2025년생)
= 알파 세대

너희 세대보다 윗세대이지만 너희와 비슷한 나이에 스마트폰과 SNS를 사용하기 시작했다가(혹은 게임에 엄청난 시간을 썼다가) 결국 그런 과거를 후회하고 저항군이 된 선배 저항아들도 있어. 너희보다 나이가 더 많은 이 저항아들은 너희 나이 때 알았더라면 얼마나 좋았을까 하는 것들을 들려주고 싶어 해. **자신들이 저지른 실수를 너희가 반복하지 않도록** 말이야….

나는 SNS와 스마트폰 때문에 십대 시절을 송두리째 허비하고 말았어.

–케일리, 25세

할아버지와 좀 더 가까이 지냈더라면 얼마나 좋았을까 하고 후회할 때가 많아. 할아버지가 오실 때마다 나는 늘 게임에 빠져 살았거든.

–벤저민, 21세

그리고 **저항아 대열에 가담하면서 삶이 얼마나 좋게 변했는지도** 들려주고 싶어 해.

> 나는 더 많은 재미를 느끼고 흥미진진한 일도 더 많이 하고 있어. 내 시간을 어떻게 보냈는지 그 기억도 더 생생하게 남지.
>
> -알리사, 26세

이 저항아들은 **너희도 저항아가 될 수 있는 방법**을 조언해 주고 싶어 해.

> 나는 큰 성취감을 느낄 수 있는 취미들을 다시 발견했어.
>
> -소피아, 21세

저항군 인터뷰

사마라 고턴

18세, 뉴욕

스마트폰을 언제 처음 가졌어요?

열한 살 때요.

언제 스마트폰에 대한 생각이 바뀌었나요?

스마트폰 사용이 금지된 캠프에서요. 그 생활이 너무나도 좋았거든요.

변화에 영감을 준 롤 모델이 있나요?

스마트폰 사용 시간을 스스로 제한하는 친구가 있었어요. 정해진 시간을 넘겨 사용할 때는 아빠에게 전화해 비밀번호를 받아야 했어요. 똑똑한 방법 같아서 나도 따라 했지요.

과거의 나에게 하고 싶은 충고가 있다면?

틱톡을 절대로 하지 마. 인스타그램과 스냅챗도 가까이하지 마. 그것들은 아예 세상에 없는 편이 나아. 그것들은 결코 멋진 게 아니야.

아이들이 꼭 알았으면 하는 게 있다면?

십대들이 스마트폰과 SNS에 홀린 것처럼 보이지만, 실제로는 그것을 즐기지 않고 끊길 원하는 친구들이 정말 많아요.

자유 시간은 어떻게 보내나요?

테니스나 달리기를 좋아해요. 요새는 기타를 배우고 있어요. 필름 사진을 찍는 것도 좋아해요. 주변의 아름다운 것들을 발견하는 계기가 되거든요.

어린 저항아들에게 해 주고 싶은 조언이 있다면?

성장 과정에서 가장 중요한 것은 진정한 자신을 발견하는 것이라고 생각해요. 그런데 스마트폰에서는 절대 그럴 수 없어요.

잭스

좋아하는 것: 스케이트보드 타기, 조립하기

캘리

좋아하는 것: 자연, 하이킹

소피

좋아하는 것: 기타 치기, 과학

이 책에는 일반적인 서술과 함께, 여섯 친구의 이야기가 만화로 등장해. 만화는 가상의 이야기로 꾸몄지만, 그래도 실제 아이들의 이야기를 바탕으로 했어. 자, 그럼 출발해 볼까?

알렉스

좋아하는 것: 재미있는 영상,
스케이트보드 타기

에마

좋아하는 것: 사진, 만들기

데이비드

좋아하는 것: 게임, 피아노 치기

개학 날

다시 만나 반가워요!

이거 최신 폰이야.
엄마 아빠한테 무조건
카메라가 좋아야 한다고
우겼거든.

에휴, 내 건
아빠가 쓰던
건데.

난 벌써
게임도
다 깔았어.

엄마가 고등학교 가기 전까지 스마트폰은 안 된대.
나도 부모님께 말해 봤는데 소용없었어.
그래도 너희는 폰이 있잖아!
나는 친구들에게 폰을 빌려 달라고 부탁해야 한다니까! 쪽팔려 죽겠어…
휴우…
방과 후
딩동!
어, 에마!
공원에서 같이 놀래?
어, 캘리!
음…
미안, 오늘은 바빠. 다음에 놀자.
아, 그래. 알았어…
…안녕!

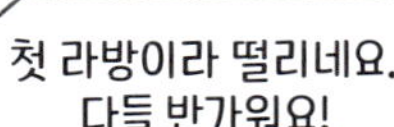
주말 동안

첫 라방이라 떨리네요.
다들 반가워요!
LIVE
15
alextheskater 안녕 에마
alextheskater 지금 네 채팅창 도배 중
alextheskater 도배도배도배도배도배
not_david ㅎㅎㅎ
matt.r2k 강아지 필터 써 주세요!! 제 최애 필터임

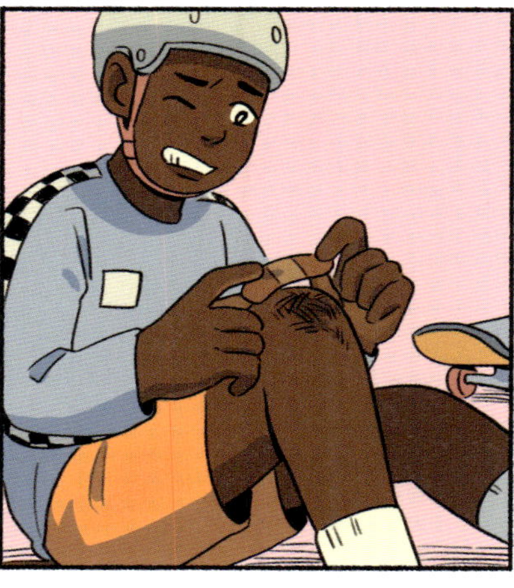

alextheskater @em4ever랑
베이글 먹방 중!
not_david
not_david 5연승 실화냐?
VICTORY
1
2
3
alextheskater
em4ever 와 미쳤다

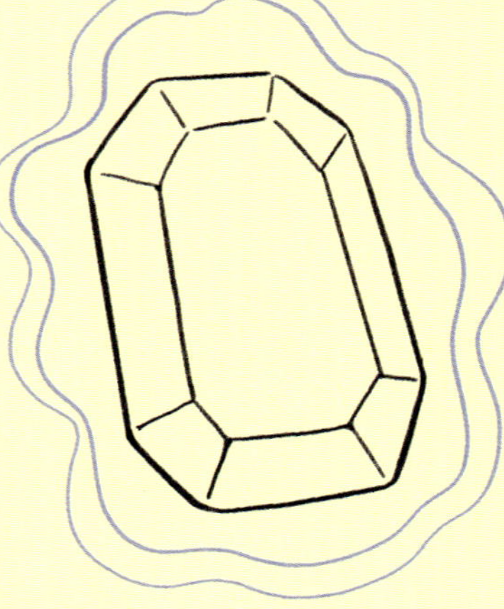

나는 현실 세계의 가족들과 친구들로부터 멀어졌어. 나한테는 온라인 친구들이 1순위였거든. 하지만 전국의 많은 사람들과 연결된 느낌이 커질수록 내 곁에 있는 사람들과 연결된 느낌은 점점 줄어들었어.

−미아, 19세

1부
테크 마법사들의
등장,
그리고 그들의 거짓말
테크 마법사들의 등장, 그리고 그들의 거짓말
테크 마법사의 미래
맺음말
em4ever
런던 빅 벤 앞에서
22
딩동!
딩동!
딩동!
딩동!

혼자 집을 나와 친구들을 만나고 동네 이곳저곳을 돌아다니는 걸 상상할 수 있니? 부모님은 네가 어디 있는지 전혀 모르는 채 몇 시간이고 말이야.

믿기 힘들겠지만, 예전에는 일고여덟 살 아이들이 실제로 자유 시간을 이렇게 보냈어. 많은 부모가 아이들을 나가 놀라면서 밖으로 내보냈지. "어두워지기 전에는 들어오렴."이라고 말하면서 말이야.

이렇게 누구의 감독도 받지 않고 정해진 것도 전혀 없는 상태에서 노는 것은 아주 재미있었을 뿐만 아니라, 아이들의 건강과 성장에도 큰 도움이 되었어. 가끔 상처나 멍이 생겨 집으로 돌아오긴 했지만 말이야. 이런 놀이는 문제를 해결하는 방법, 다른 사람과 어울리는 법, 한 팀이 되어 협력하는 방법, 실패하더라도 다시 회복하는 방법을 배우는 데 아주 좋았지. 자신감과 독립심을 기르는 데에도 도움이 되었는데, 자신의 한계를 시험하고 실수와 실패를 통해 교훈을 배울 수 있었기 때문이지.

주말과 평일 저녁 시간은 메릴랜드주 시골 뒷마당에서 남동생과 친구들과 함께 여러 가지 놀이를 하면서 보냈어. 규칙이 복잡한 숨바꼭질 놀이와 물풍선 던지기 싸움도 하고, 달리기도 실컷 했지. 가을에는 낙엽 더미 속으로 뛰어들었고, 겨울에는 눈싸움을 하고 눈사람을 만들었지. 비가 오면, 실내로 장소를 옮겨 놀았어. 그 당시에는 휴대 전화가 전혀 없었고, TV 채널도 3개밖에 없었어.

–소피아, 1986년생

아홉 살 때, 친구와 함께 공사장에서 주워 온 목재와 잡동사니로 우리 집 뒷마당에 오두막집을 지었어. 부모님의 눈을 피할 수 있는 우리만의 비밀 공간이었지. 거기에 사탕까지 숨겨 놓을 수 있었다니까! 우리 손으로 직접 그런 아지트를 만들다니 정말 뿌듯했지.

–존, 1963년생

나는 뉴욕시에서 자랐는데, 친구들과 함께 그네를 타거나 정글짐에서 놀거나 거리에서 여러 가지 게임을 하면서 놀았어. 일고여덟 살 때에는 혼자 자전거를 타고 센트럴파크로 가 공원 주위를 돌거나 스케이트를 빌려 얼음 위를 씽씽 달렸어. 아이들은 어두워진 다음에야 집으로 돌아갔지. 나는 그런 자유가 정말 좋았어.

–메리, 1942년생

이렇게 해 봐!

엄마 아빠 그리고 할아버지 할머니께 학교가 끝난 평일 오후나 주말 혹은 여름 방학 때 뭘 하며 시간을 보냈는지 물어봐. 가장 재미있었던 일은 무엇이었는지도 물어봐.

이건 몰랐을걸?

놀이를 하는 동물은 사람과 포유류뿐만이 아니야. 과학자들은 조류와 어류, 파충류도 놀이에 해당하는 행동을 한다는 걸 발견했어. 예를 들면, **새끼 앨리게이터는 진흙 둑에서 마치 워터 슬라이드를 타듯이 미끄러져 내려와!** 많은 동물은 어릴 때 노는 데 시간을 많이 쓰는데, 이로 보아 놀이가 이들 동물에게 중요한 역할을 하는 게 틀림없어.

놀이를 하는 아이는 '발견 모드'로 변한다

우리를 감독하거나 이래라저래라 지시하는 어른이 없는 상태에서 노는 것이 중요한 이유가 또 한 가지 있어. 그렇게 놀 때 너희의 마음이 **'발견 모드'**로 바뀌기 때문이야. 발견 모드란 자신감이 넘치고 호기심과 즐거움이 가득한 상태를 말해. 이 상태에서는 좀 위험해 보여도 내가 어디까지 할 수 있는지 시험해 보려는 **용기**가 생겨나지. 새롭고 어려운 일에 도전해서 성공하거나, 실패하더라도 다시 일어서는 경험이 쌓일수록 너희는 점점 더 용감해질 거야. 그러면 나중에도 두려워하지 않고 새로운 것을 시도할 수 있어. 십대 시절에 발견 모드로 많은 시간을 보내면, 어른이 되어서도 발견 모드로 살아갈 확률이 높아.

9월

힐사이드 스케이트보드 공원

어? 알렉스! 너도 보드 타는 줄 몰랐어!

어…그냥 보드가 하나 생겨서.

같이 타고 싶으면 말해! 난 저기 램프 쪽에 있을게.

으, 으응…

하아…

스케이트보드
빨리 잘 타는 법
검색
톡
톡

초보자를 위한 다섯 가지 팁

거리에서 스케이트보드 멋지게 타는 법

세계 챔피언의 묘기

우와…
잭스!
이 영상 좀 봐!
성공!
방금 거
진짜 멋졌어!
내가 영상
찍어 줄게!
한 번만 더 해 봐!

왜 너희 세대 아이들은 밖에서 친구와 함께 노는 대신, 방에서 혼자 화면을 보며 보내는 시간이 그렇게 많을까? 즉, 이전의 **'놀이 중심 아동기'**가 왜 **'스마트폰 중심 아동기'**로 변했을까?

그 이유는 많지만, 가장 큰 이유 두 가지는 이거야.

1980년대부터 많은 부모는 감독하는 어른 없이 아이들이 밖에서 노는 것을 불안하게 여기기 시작했어. 낯선 사람이 아이에게 해를 끼칠지 모른다는 두려움이 퍼져 나갔는데, TV에서 계속 흘러나오는 뉴스들이 그런 두려움을 증폭했지. 실제로 1990년대에 미국의 범죄 발생률은 크게 줄어들었는데도 말이야. 그래서 아이들을 밖에 나가지 못하게 하고 집 안에 머물게 했어.

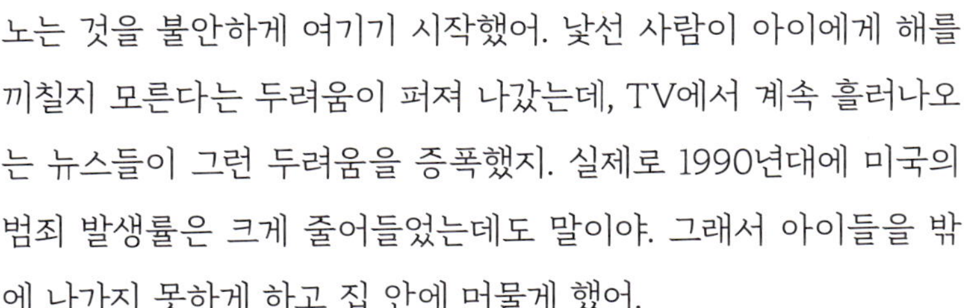

그러는 사이에 **점점 더 매력적인 화면들이 등장했고, 그 수가 늘어났어. 그리고 무엇보다… 중독성이 강해졌어.**

아이들과 십대들이 시간을 보내는 방식이 완전히 뒤바뀐 이 엄청난 사건을 **아동기 대재편**이라고 불러.

*아동기 대재편은 117쪽을 참고해.

부모님과 조부모님의 어린 시절에는 어떤 기술이 있었을까?

부모님과 조부모님이 아이였던 시절에 화면을 사용하는 기술이 전혀 없었던 건 아니었어. 하지만 그 물건들은 '아주' 달랐지.

사람들은 TV를 보았지만, 원하는 시간에 프로그램을 스트리밍할 수 없었어(넷플릭스나 유튜브 같은 게 전혀 없었거든). 대신에 그 순간에 방송국에서 내보내는 프로그램만 볼 수 있었지.

영화를 보고 싶으면 극장에 가거나 비디오 대여점에서 비디오테이프나 DVD를 빌려야 했어. 만약 원하는 작품을 다른 사람이 빌려 갔다면, 다른 영화를 보거나 빌려 간 사람이 그 작품을 반납할 때까지 기다려야 했어.

게임도 있었지만, 같은 공간에서 게임기로 함께 게임을 하지 않는 한, 게임을 하면서 다른 플레이어와 대화를 나눌 방법이 없었지.

전화는 어땠을까? 1990년대 후반 이전에는 대다수 사람들은 **유선 전화**만 사용했어. 즉, 벽면의 전화 콘센트에 전화 케이블을 연결해야 통화가 되었지. 만약 집 밖으로 나간다면, 전화를 받을 방법이 없었어. 부모님에게 연락할 일이 생기면, 친구나 이웃의 유선 전화를 빌려 쓰거나 **공중전화 부스**

를 찾아야 했지. 공중전화 부스는 사면이 유리로 된 옷장처럼 생겼는데, 그 안에 동전이나 전화 카드로 이용하는 유료 전화기가 놓여 있었어.(그래서 필요할 때 전화를 걸기 위해 항상 동전을 챙겨야 했어!)

아이가 학교에 있을 때 부모님이 연락을 하는 방법은 교무실에 전화를 해 메시지를 남기는 것밖에 없었어. 또, 아이가 부모님에게 연락을 하는 방법도 교무실로 가서 선생님에게 전화를 쓰게 해 달라고 부탁하는 수밖에 없었지.

1990년대 이전에는 **인터넷**을 쓸 수 있는 사람이 거의 없었어. 인터넷 초창기에는 온라인에 접속하고 싶으면, 컴퓨터를 전화선에 연결하거나 인터넷 카페나 PC방에서 돈을 내고 컴퓨터를 빌려 사용해야 했지. **와이파이**(무선 인터넷)가 널리 퍼지기 시작한 것은 2000년대 초부터였는데, 처음에는 전송 속도가 너무 느려서 영상을 스트리밍하기 어려웠어.

최초의 **휴대 전화**는 2000년대 초부터 널리 보급되기 시작했어. 대다수 사람들은 단순히 통화를 하거나 짧은 **문자 메시지**를 보내는 용도로 휴대 전화를 사용했지. 왜 짧은 메시지였느냐고? 그 당시의 휴대 전화는 터치

이렇게 해 봐!

부모님께 모뎀과 전화선으로 컴퓨터를 인터넷에 연결해 써 본 적이 있느냐고 물어봐. 만약 그런 적이 있다고 하면, 컴퓨터를 모뎀에 연결할 때 모뎀에서 나던 소리를 들려달라고 부탁해 봐.

(마음의 준비를 단단히 하도록! 부모님 입에서 아주 기괴한 소리가 나올 테니까.)

스크린이 없었기 때문이야. 그래서 숫자판을 사용해 문자를 하나 하나 조합하면서 단어를 만들어야 했어.(예를 들면, 문자 'C'를 치려면, '2' 단추를 세 번 눌러야 했어. 사실상 모스 부호나 다름없었지.)

최초의 SNS **플랫폼**도 2000년대 초에 생겨나 금방 크게 유행했어. 하지만 그것은 앱이 아니라 웹 사이트였기 때문에, 접속해 있으려면 컴퓨터 앞에 앉아야 했지. 게다가 내가 팔로잉한 사람들의 소식만 볼 수 있었어. 또, 많은 사람들은 여전히 필름 카메라를 사용했어. 디지털 카메라를 사용하더라도 케이블로 컴퓨터에 연결해야 사진을 옮길 수 있었어. 그래서 지금처럼 셀카를 찍고 인터넷에 바로 올려서 친구들이나 다른 사람들이 보게 하는 건 불가능했어.

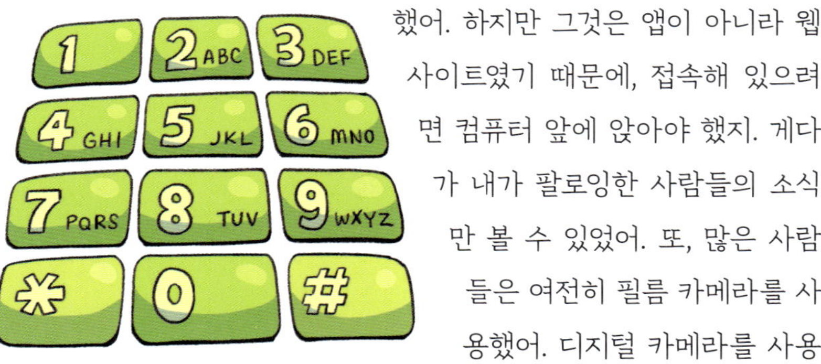

이렇게 해 봐!

부모님께 처음 사용했던 SNS는 어땠는지 물어봐. 지금 우리가 쓰는 SNS와 비교해 다른 점은 어떤 것이 있었을까?

SNS란 무엇인가?

SNS는 각자 프로필을 만들고 콘텐츠(사진, 영상, 링크, 텍스트 등)를 다른 사람들과 공유할 수 있는 앱이나 사이트를 말해. SNS 플랫폼은 사람들이 서로 연결되어 소통할 수 있도록, 사용자들이 다른 사람의 계정을 팔로잉하고, 그룹에 가입하고, 댓글을 달고, '좋아요'를 누르고, 게시물을 공유하고, DM을 보낼 수 있게 해 줘. 이 정의에 따르면, 인스타그램, 틱톡, 스냅챗, 트위치, 레딧, 디스코드, 페이스북은 모두 SNS 플랫폼이야. 유튜브도 엄밀하게는 SNS 플랫폼이지만, 대다수 사람들은 유튜브를 그저 영상을 보는 용도로 사용해.

최초의 빛나는 돌

2007년 1월 9일, 애플의 창업자이자 CEO이던 스티브 잡스는 대규모 첨단 기술 전시장인 맥월드 무대에 올라 극적인 선언을 했어.

가끔 모든 것을 확 바꾸어 놓는 혁명적인 제품이 나옵니다.

— 스티브 잡스, 애플의 창립자

세계 최초의 스마트폰인 아이폰을 공개하는 자리였지. 그리고 그의 말은 옳았어. 스마트폰은 모든 것을 확 '바꾸어' 놓았어. 어린이에게는 특히 그랬지.

이전 기술과 확연히 다른 스마트폰만의 특징이 세 가지 있어.

첫째, 스마트폰은 **크기가 작아서** 무료하거나 어색하거나 지루함을 느낄 때면 언제든지 스마트폰을 꺼내 사용할 수 있어. 물론 부모님은 어린 시절에 그럴 때면 TV를 보았지. 하지만 TV는 너무 크고 무거워서 들고 돌아다니거나 학교로 가져갈 수는 없었어.

둘째, 스마트폰은 **사람들의 주의를 끌도록 설계된** 특징이 많아. 예를 들어 토스트기는 아침 식사를 방해하면서까지 우리에게 토스트를 더 많이 만들진 않아. 하지만 스마트폰(그리고 그 알림)은 '항상' 우리가 하는 일을 방해하며 끼어들어.

셋째, 스마트폰에는 **앱을 깔 수 있어**.('앱'은 응용 프로그램을 의미하는 '애플리케이션'의 준말이야.) 앱은 스마트폰을 몇 가지 일만 할 수 있는 기본적인 도구에서 반짝이는 보석이 수백 개나 박힌 마법의 돌(앞에서 소개

한 동화에 나왔던)로 바꿔 놓았지.

2007년, 스티브 잡스가 최초의 아이폰을 공개할 때, 청중 앞에서 보여 준 기능은 전화, 뮤직 플레이어, 인터넷 브라우저, 이렇게 딱 세 가지였어. 하지만 2008년에 최초의 앱 스토어가 등장하자, 사람들은 수백 개의 앱을 스마트폰에 다운로드할 수 있게 되었어. 그러자 갑자기 스마트폰으로 수백 가지 일을 할 수 있게 되었지.

좋은 앱과 나쁜 앱

많은 앱은 아주 유용하고, 우리의 삶을 더 쉽고 편리하게 해 줘. 예컨대 전화를 걸고, 문자 메시지를 보내고, 날짜를 찾아보고, 음악을 듣고, 결제를 하는 데 쓰는 앱처럼 말이야. **'도구 앱**(tool app)**'**이라 부르는 이런 앱들은 별로 문제가 되지 않아.(계산기 앱을 한 번에 몇 시간이고 쓰는 사람은 드무니까.) 만약 스마트폰에 오직 도구 앱만 깔려 있다면, 아마도 스마트폰은 세상을 더 나은 곳으로 변화시키는 데 그쳤을 거야.

하지만 모든 앱이 다 유용한 도구로 설계된 것은 아니야. 의도적으로 사람들이 시간을 많이 소비하도록 설계된 앱도 있어. 그러니까 이런 앱들은 우리의 시간을 훔쳐 가는 **'시간 도둑'**인 셈이야.

테크 회사들은 왜 이런 앱을 만들까? 그것은 동화에 나온 마법사들처럼 사람들의 시간을 돈으로 바꾸는 방법을 발견했기 때문이야.

그리고 일부 회사들은 탐욕스럽게 변해 갔지. 그들은 이 방법으로 얼마나 많은 돈을 벌 수 있는지 깨달았고, 더 많은 돈을 벌길 원했지. 그래서 일단 앱을 사용하기 시작하면 멈추기 어렵게 하는 방법들을 고안해 냈어. 이렇게 시간을 낭비하게 만드는 앱을 **'설계된 중독성(addictive-by-design)'** 앱이라고 부르는데, 이런 앱이 하는 일이 말 그대로 사람들을 중독에 빠뜨리는 것이기 때문이야.

이러한 SNS 앱을 만들 때 우리는 항상 생각했어요.
'어떻게 하면 우리 앱이 사람들의 시간과 관심을
최대한 빼앗을 수 있을까?'

— 숀 파커, 페이스북 초대 사장

이건 몰랐을걸?

아주 교묘한 앱도 있어. 이런 앱은 유용한 도구이면서도 중독성을 지니고 있어 사용자의 시간을 낭비하게 만들어. 예를 들면, 유튜브는 훌륭한 학습 도구가 될 수 있지만, 일단 시작하면 영상 시청을 멈추기 어렵도록 설계돼 있어.

많은 앱은 우리의 시간을 낭비하게 만들거나 우리를 중독시킬 수 있지만, 특별히 중독성이 강해 저항아들이 경계해야 할 앱이 네 가지 있어. 인스타그램, 스냅챗, 틱톡 같은 **SNS 앱**, 유튜브 같은 **영상 플랫폼**, 로블록스 같은 **게임**, 그리고 레플리카 같은 AI **챗봇**이야.

점점 사악해지는 테크 마법사의 마법

페이스북이 나타났을 때 어떤 사람들은 내게 이렇게 말했지요.
"난 SNS 안 해요. 난 진짜로 대화하는 게 더 좋아요.
함께 있는 그 순간의 친밀감이 가치 있다고 생각해요."
그럼 나는 이렇게 말했죠.
"그래도 결국은 우리가 이길 거예요."
—숀 파커, 페이스북 초대 사장

얼마 지나지 않아 십대들은 앞다투어 스마트폰을 샀고, 앱, 그중에서도 특히 SNS 앱을 다운로드했어. 그리고 매일 많은 시간을 스마트폰과 SNS에 쏟아부었지. 그러자 아이들과 청소년들은 예전처럼 **직접 만나 함께 놀고, 밖에서 시간을 보내고, 운동을 하고, 잠을 자는** 등의 활동에 시간을 훨씬 '덜' 쓰게 되었어.(그런 활동은 아동이 건강한 어른으로 성장하는 데 정말 중요하다고 과학자들이 강조한 것들이야.)

물론 분명히 말해두는데, 너희 바로 윗세대 중에는 행복하고 건강하게 잘 살아가는 사람들도 많아.

하지만 심각한 문제를 겪고 있는 사람도 정말 많아. 2015년에 전 세계에서 놀라울 정도로 많은 십대들이 상당히 많은 시간을(또는 거의 항상) 불안과 우울을 느끼며 보내는 것으로 나타났어. 상태가 너무 나빠 심리 상담사나 정신과 의사에게 전문적인 도움을 받아야 할 사람도 많았지. 일부 십대들은 자신의 문제와, 스마트폰과 SNS에 쓰는 시간 사이에 어떤 관계가 있는 게 아닐까 의심하기 시작했지. 그것은 과학자들도 마찬가지였어.

이건 몰랐을걸?

2024년에 미국 의무총감(공중보건 분야의 최고 책임자)은 SNS 사용이 십대 청소년의 정신 건강에 해롭다고 확신했어. 그래서 **SNS 앱**에 담배에 붙이는 것과 비슷한 **경고문을 넣어야** 한다고 말했지.

SNS와 스마트폰과 정신 건강: 과학은 뭐라고 말할까?

사람들이 SNS와 그 밖의 중독성 앱에 시간을 많이 쓰면, 우울증과 불안 증세가 나타날 가능성이 높아져.
예를 들면, 과학 연구를 통해 다음과 같은 사실들이 밝혀졌어.

★ 매일 SNS에 5시간 이상을 쓰는(이런 경우는 너무나도 많다!) 여자아이는 그보다 적은 시간을 쓰거나 전혀 쓰지 않는 여자아이보다 우울증 증세가 나타날 가능성이 '세 배'나 높다.

★ 매일 SNS에 5시간 이상을 쓰는 남자아이는 그보다 적은 시간을 쓰거나 전혀 쓰지 않는 남자아이보다 우울증이 발생할 가능성이 '두 배'나 높다.

★ 평소에 SNS에 많은 시간을 쓰던 청소년이 몇 주간 거기에 시간을 덜 쓰면, 평소보다 행복감은 높아지고 불안은 줄어든다.

★ 인터넷 기능을 차단하고 스마트폰을 순전히 전화기로만 사용하면, 대다수 사람들은 훨씬 행복해지고, 집중력과 주의력이 높아진다고 말한다.

테크 마법사의 거짓 약속

우정

테크 마법사들은 자신들의 제품이 사람들에게 더 많은 우정을 가져다준다고 약속했어. 십대들은 스마트폰과 SNS를 통해 서로 연락을 주고받고, 비슷한 관심과 배경을 가진 새로운 친구들을 만났지. 하지만 대다수 십대가 스마트폰을 소유하고 SNS에 많은 시간을 쓰기 시작한 2010년대 초부터 이상한 일이 일어나기 시작했어. 아래 그래프에서 보듯이 외로움을 느끼는 비율이 낮아지기는커녕

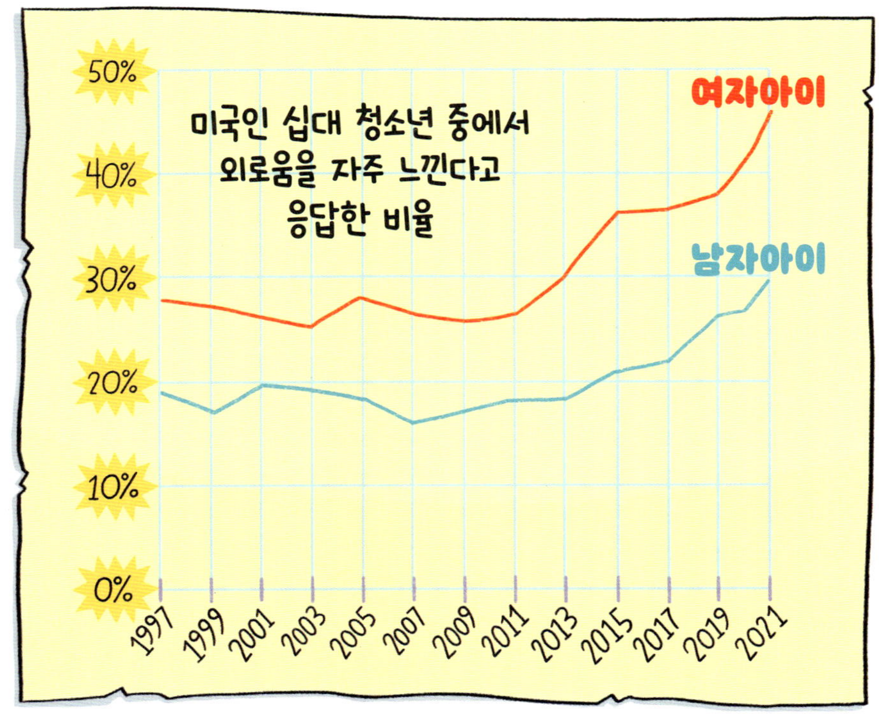

오히려 치솟기 시작한 거야.

스마트폰과 SNS를 사용하지 않는 아이들과 십대들이 외로움을 느끼기 시작한 것은 충분히 예상할 수 있는 일이었어. 친구들이 스마트폰을 들여다보느라 바빠 함께 놀거나 어울릴 시간이 없었기 때문이지.

그런데 외로움은 단지 스마트폰이 '없는' 아이들만 느낀 게 아니었어. **스마트폰이 '있는' 아이들도 외로움을 느낀다고 말하기 시작했어.** 이것은 테크 회사들이 약속한 것과는 정반대 결과였어!

> SNS를 할수록 나는 세상에 홀로 남겨진 듯한 느낌이 들었어.
>
> -루카야, 16세

상황은 점점 더 나빠졌어. 일부 아이들은 SNS와 단체 대화방에서 서로 상처를 주는 행동을 하기 시작했어. 나쁜 소문을 퍼뜨리고 반 친구를 따돌리고 욕이나 험담을 늘어놓는 식으로 말이야. 절대 우정에 도움이 될 리가 없는 행동들이었지.

> 나는 이런 일을 겪었어. 틱톡의 한 유명한 인플루언서가 스냅챗의 단체 대화방에서 내 허락도 없이 개인적 사진들을 마구 퍼뜨리기 시작했어. 그리고 매일 모르는 사람들이 내 얼굴과 몸을 비하하고 품평하며 괴롭혔지.
>
> -칼라, 22세

자유

마법사들은 자신들의 제품이 사람들에게 자유를 가져다줄 것이라고 약속했지. 그러나 기묘하게도 그 제품들에 더 많은 시간을 쓸수록 오히려 자유롭지 못하다고 느끼는 아이들과 십대들이 늘어났

초등학생 때 나는 게임에 푹 빠져 지냈어. 게임은 아주 짜릿한 도피처였지. 하지만 자꾸 게임으로 도망가다 보니 다른 일들을 할 기회를 많이 놓쳤어. 기타도 못 배웠고, 스포츠를 처음 시작하면서 실수할까 봐 불안한 마음을 이겨내려고 노력한 적도 없었지.

-닉, 24세

스마트폰이 없으면 살 수 없을 것 같았어.

-케이트, 24세

나는 완벽해야 했어. 진짜 내 모습은 없었고, 자유롭게 놀지도 못했어. 머릿속엔 오직 다른 사람들이 나를 어떻게 바라볼까 하는 생각뿐이었어.

-케일리, 25세

어. 그들은 오히려 갇힌 느낌과 불안감이 더 커졌다고 했어.

게다가 많은 부모는 아이들이 밖에서 친구들과 함께 노는 것보다 집 안에서 혼자 스마트폰을 들여다보며 시간을 보내는 게 더 안전하다고 생각했어. 하지만 실제로는 그렇지 않았어. 테크 마법사들은 아동을 위해 자신들의 앱을 안전하게 만드는 데에는 별로 신경을 쓰지 않았거든. 나쁜 어른들이 SNS 앱과 게임의 메시지 기능을 사용해 아이들에게 접근하기 시작했지. 많은 아이들은 두렵고 불안하고 괴로웠지만, 대다수 부모는 온라인에서 무슨 일이 일어나는지 전혀 모르는 경우가 많았어.

많은 아이들은 현실에서 **지나치게 보호**받는 반면, 온라인 세계에서는 **방치**되었지.

발견 모드 대 방어 모드

갇힌 느낌과 불안감은 뇌가 **'방어 모드'**에 있다는 징후야. 불안감과 두려움에 빠진 이 마음 상태는 위험할 수 있는 것에 대해 뇌가 심하게 경계하고 피하려고 할 때 일어나.

'발견 모드'는 방어 모드와 정반대 상태야. 이것은 자신감과 호기심이 넘치는 마음 상태로, 새로운 것이 두려움의 대상이 아니라 흥미로움의 대상으로 보이지.

정말로 위험한 상황에 있을 때에는 방어 모드가 꼭 필요한데, 안전을 확보하는 데 도움이 되기 때문이야. 그런데 겉보기에는 위험해 보이지만 실제로는 그다지 위험하지 않은 상황(예컨대 SNS의 나쁜 댓글)인데도 그것에 대한 반응으로 뇌가 방어 모드로 전환해 계속 그 상태에 머무를 수가 있어.

많은 십대 아이들과 청소년들이 친구들과 직접 만나 함께 놀길 멈추고 스마트폰과 SNS에 많은 시간을 쓰기 시작하면서 불안감이 더 커지고 덫에 빠진 느낌에 사로잡히는 한 가지 이유가 바로 여기에 있어. 늘 자신을 남과 비교하고, 다른 사람이 자신에 대해 뭐라고 말하는지 염려하면서 **뇌가 발견 모드에서 방어 모드로 바뀌는 거야.**

자신이 방어 모드에 있다는 징후	자신이 발견 모드에 있다는 징후
자신의 삶에 위험과 문제가 넘쳐나는 것으로 보인다	자신의 삶이 좋은 일과 기회가 가득한 것으로 보인다
불안감과 불안정감을 느낀다	호기심과 희망을 느낀다
달아나고 싶은 생각이 든다	자세히 살펴보고 싶은 생각이 든다
압도당한다는 느낌이 든다	상황을 잘 통제하고 있다는 느낌이 든다
나쁜 생각이 계속 반복된다	나쁜 생각이 들 때도 있지만 계속 반복되진 않는다
사람들을 나쁘게 바라본다	선의를 가지고 사람들을 믿는다
과거나 미래를 부정적으로 생각한다	현재의 지금 이 순간을 느끼고 즐긴다
갇힌 느낌이 든다	자유로운 느낌이 든다

재미

테크 마법사들은 자신들의 제품이 우리의 삶을 더 재미있게 만들어 줄 것이라고 약속했지만, 초기의 일부 저항아들은 스마트폰과 SNS에 시간을 더 많이 쓸수록 삶에서 느끼는 재미가 줄어든다는 사실을 발견했지.

> 나는 콘텐츠 제작의 덫에 빠지고 말았어. 친구들과 내가 하는 모든 일이 콘텐츠 '소재'가 되어야 한다고 생각했지. 그래서 함께 시간을 보낼 때, 우리는 즐겁게 노는 대신에 모든 것을 기록하려고 애썼어.
>
> -매슈, 19세

> 나는 자전거를 타거나 형제들과 함께 새로운 놀이를 만들거나 밖에서 놀기를 좋아했어. 그런데 모두 스마트폰을 갖게 된 후로는 모든 활동이 '온라인'으로 옮겨 갔어. 우리가 시간을 보내는 방식이 완전히 바뀌고 말았지.
>
> -제이드, 26세

테크 마법사가 만든 덫

이 이야기를 들으면 깜짝 놀라는 사람이 있을 거야. 18~27세 사람들 중 약 절반은 틱톡, X(트위터), 스냅챗처럼 큰 인기를 끄는 SNS 플랫폼과 앱이 '발명되지 않았더라면' 훨씬 좋

았을 것이라고 말해!

그런데도 십대 대다수는 그런 SNS 플랫폼과 앱을 계속 사용하고 있어. 오늘날 **미국의 평균적인 십대 청소년은 하루에 약 5시간을 유튜브를 포함한 SNS 활동에 쓰고 있어**. 그리고 십대 청소년 중 절반 이상은 "거의 항상" 온라인에서 시간을 보낸다고 말해.

이건 몰랐을걸?

스마트폰을 가진 십대 후반 청소년과 청년 중 95%는 스마트폰을 거의 항상 자기 곁에 갖고 다닌다고 말해(침대와 화장실은 물론이고 가는 곳이라면 어디에서나).

얼핏 보면 이것은 전혀 앞뒤가 맞지 않는 것처럼 보여. 아예 발명되지 않았더라면 하고 바랄 정도로 싫어한다면, 도대체 그것을 왜 사용하고, 또 하루에 몇 시간씩이나 사용한단 말인가?

예컨대 자전거를 싫어한다면, 하루에 몇 시간씩 자전거를 타려고 하진 않을 거야. 그리고 자전거가 아예 발명되지 않았더라면 하고 바라지도 않을 거야. 그냥 자전거를 타지 않으면 될 테니까 말이야.

그렇다면 스마트폰과 SNS는 어떤 점에서 기존의 제품과 차이가 있을까? 왜 그토록 많은 윗세대 사람들이 자신에게 해가 되는 줄 알면서, 또 그것이 사라지길 바라면서도 스마트폰과 SNS에 엄청난 시간을 쓰는 걸까?

그것은 **그들이 마법사의 속임수에 넘어가 덫에 빠졌기** 때문이야.

만약 '너희' 세대가 그들과 똑같이 덫에 빠지고 싶지 않다면, **진실을 제대로 알아야 할 필요가 있어.**

아무 취미도 관심도 목표도 포부도 없는 15세 청소년이에요. 하는 일이라곤 스마트폰으로 시간을 보내는 것밖에 없어요. 스케이트보드를 타고 싶고, 악기를 연주하고 싶고, 체스를 배우고 싶고, 온갖 종류의 일들을 하고 싶지만, 결코 그러지 않아요. 하루에 11시간이나 스마트폰을 보면서 지내는데, 자고 싶어서 울고 싶을 지경이에요. 어떻게 하면 이 치명적인 스마트폰 중독에서 벗어날 수 있을까요?

–익명의 레딧 사용자, 15세

나는 사회적 경험을 할 기회를 많이 놓쳤어요. 스포츠 경기에도 전혀 나가지 않았어요. 어릴 때 '첫사랑' 같은 것도 전혀 해 보지 못했지요. 다른 사람과 눈을 마주치고 이야기를 나누는 걸 어려워해요. 중독적인 온라인 세계에 빠져 사는 대신에 현실의 삶을 더 충실히 살았더라면 하고 후회해요.

–매슈, 19세

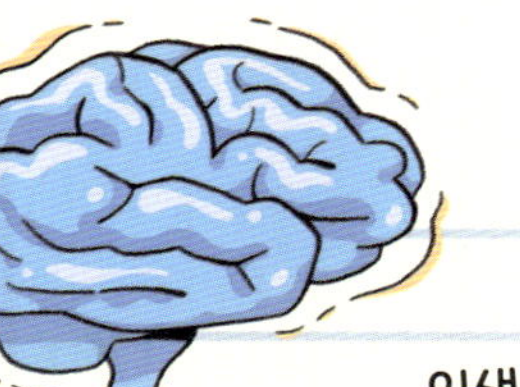

'지금 당장' 진실을 알아야 하는 이유!

인생에서 우리 뇌가 가장 많이 변하는 시기가 두 번 있어. 하나는 갓난아기부터 걸음마를 하기까지의 시기인데, 이때 우리 뇌는 정말로 빨리 성장해. 또 하나는 10세부터 20대 초반까지의 청소년기야. 그리고 사춘기 동안에 뇌가 '특히' 빨리 변하는데, 사춘기는 10세 전후에 시작해 일반적으로 16세 무렵에 끝나. 따라서 **너희는 아마도 바로 이 시기에 있을** 거야!

앞으로 몇 년 동안 너희 뇌가 아주 유연하고 변화가 일어나기 쉽다는 사실은 굉장한 축복이야. 새로운 것을 금방 배울 수 있고, 엄청나게 많은 정보를 어른보다 훨씬 빨리 흡수할 수 있기 때문이지.

하지만 뇌가 유연하다는 것은 또한 너희가 이용당하기 쉽다는 뜻이기도 해. 즉, 너희가 아니라 테크 회사나 다른 사람들에게 도움이 되는 방식으로 '그들'에게 이용당할 수 있어.

이것은 평생을 통틀어 **지금이 테크 마법사의 비밀과 그들의 수법을 제대로 알고** 그들에 대항해 뇌를 보호하는 법을 배워야 하는 가장 중요한 시기라는 뜻이야.

한창 발달하던 내 뇌를 아이폰이 잡아먹었어. 나는 아이폰에 중독되어 더 외로워지고 불행해졌어. 만약 어린 시절로 다시 돌아갈 수 있다면, 나는 더 자란 다음에 아이폰을 사용하는 쪽을 선택할 거야.

–샘, 17세

저항군 인터뷰

벤 스팔로스
22세, 네바다주

스마트폰을 처음 가진 때는 언제인가요?

중 2때요.

너무 일렀나요, 너무 늦었나요?

너무 일렀지만, 그땐 친구들과 어울리려면 스마트폰이 필요하다고 생각했어요.

SNS에서 어떤 일을 했나요?

2년 동안 거의 매일 틱톡에 사람들이 스마트폰에서 벗어나도록 돕는 게시물을 올렸어요.

팔로워 수는 얼마나 됐나요?

약 25만 명이나 됐어요. 매달 조회 수는 평균 200만에 이르렀고요.

그런데 왜 그만두었나요?

꿈에 그리던 일이었지만, 좀 쉬고 싶었어요. 많이 지쳐 있었거든요. 나 자신을 위한 시간도 더 원했고요.

더 많은 사람들이 알았으면 하는 게 있나요?

테크 회사들은 거창한 약속을 내걸어요. 연결과 재미, 자유를 제공한다고요. 하지만 그것은 지킬 수 없는 약속이에요. 중요한 것은 곁에 있는 사람들을 아껴 주고, 깊은 관계를 맺는 거예요.

저항군이 되려면 어떻게 해야 하나요?

더 나은 삶을 살기 위해 달라지려는 의지가 있어야 해요. 주변에서 스마트폰 문제로 고통받는 사람들을 보면서 "나는 저렇게 살고 싶지 않아."라고 말할 수 있어야 해요.

알렉스, 환하게 웃어 봐.

이런, 사진을 못 찍었어! 다시 한 번 해 봐!

찰칵!

캔디를 이렇게 많이 얻었어요! 초코바 1개, 킷캣 5개…

트릭 오어 트리트!

으으!

우우!

코스튬 멋져요!

오, 캐러멜이 더 생겼네. 잭스, 좀 바꿀래?

다음 날
그래서 잭스가 스케이드보드를 타고 다음 집으로 가려고 했는데, 그만 넘어지면서 덤불 속으로 처박혔지 뭐야!
하하!
댓글에 "너네 좀 소름 돋는다!"는데? 그리고 작은 유령 이모지도.
오, 그래? 하하…
캘리!

학교 끝나고 뭐해? 우리 버블티 먹으러 갈 건데.
새로운 맛이 나왔대!

오, 재미있겠다!
에마, 너도…

얘들아! 파라가 올린 유령의 집 영상 봤니?
와, 진짜 소름 돋았어.
내년엔 우리도 거기 가 보자.

나도 낄래.
난 버블티는 처음 먹어 봐!

반값
세일
보안
일급 비밀
테크 마법사의
오전 9시 ~11시
영상
정오~오후 5시 30분
SNS 둘러보기
오후 7시 ~9시
게임
비밀

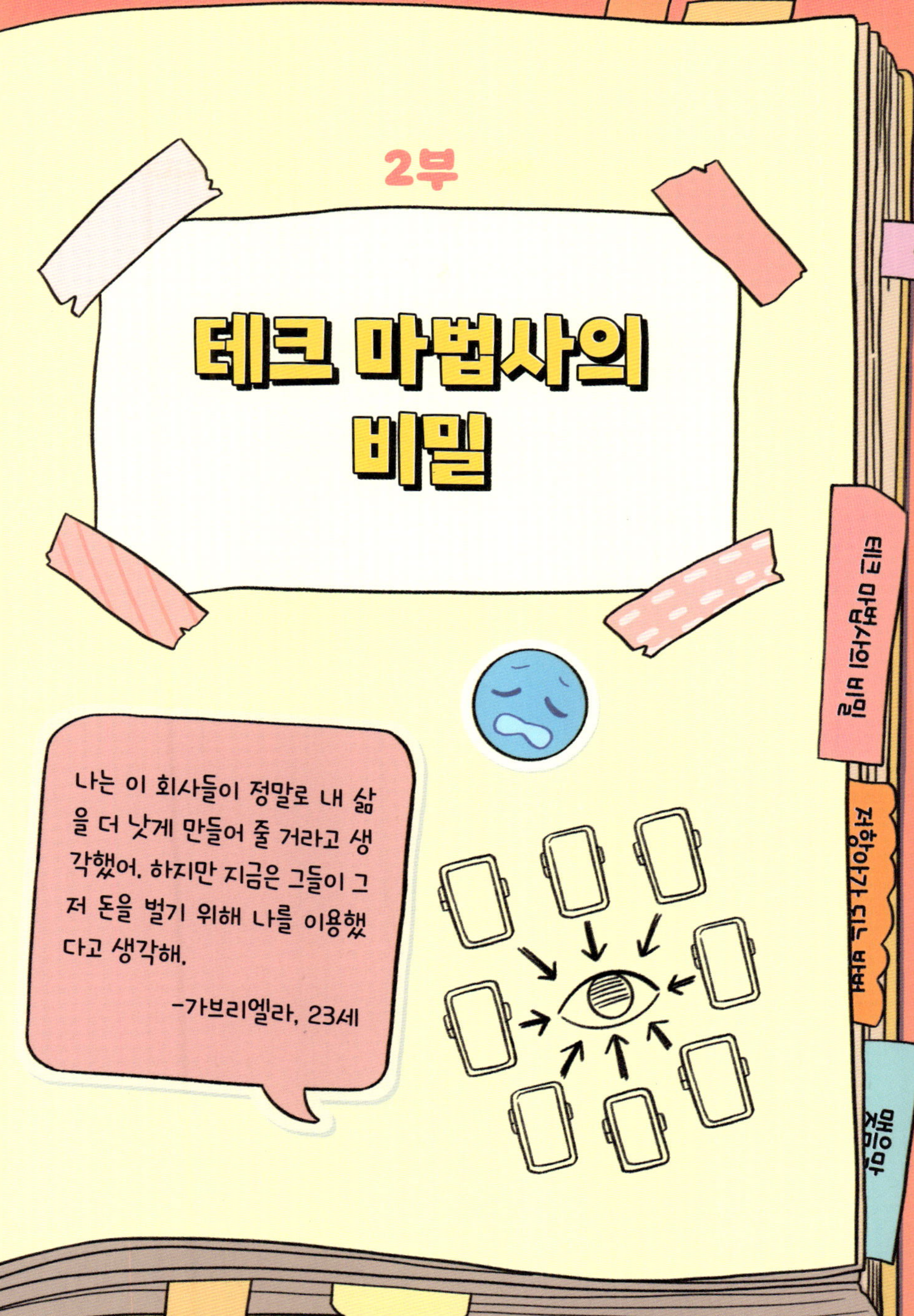
2부
테크 마법사의 비밀
나는 이 회사들이 정말로 내 삶을 더 낫게 만들어 줄 거라고 생각했어. 하지만 지금은 그들이 그저 돈을 벌기 위해 나를 이용했다고 생각해.
-가브리엘라, 23세

테크 마법사의 비밀

그들이 파는 것은 앱이 아니고
바로 너다.

'공짜' 앱은 사실
공짜가 아니다.

그들은
우리 뇌를
해킹한다.

그들은
우리 뇌를
재편한다.

그들은 자신들의 제품이 아이들에게
해롭다는 사실을 알고 있다.

테크 마법사의 자녀라면 얼마나 좋을까? 그러면 친구들 중 가장 먼저 최신 기술 제품을 사용할 수 있지 않을까?

아니, 그렇지 않아. **테크 회사들을 운영하는 사람들 중 다수는 자기 아이들이 그런 제품을 사용하지 못하게 해**!

예를 들면,

- 틱톡의 CEO(최고 경영자)는 자신의 자녀에게 틱톡을 사용하지 못하게 한대.
- 스냅챗의 CEO는 아이들의 스크린 타임을 '일주일에 90분'으로 제한한다고 말했어. 그리고 그 아내의 말에 따르면, 그 자신도 마찬가지로 "늘 전자 기기 화면을 피한다."라고 해.
- '스톰8'이라는 유명한 게임 회사 창업자는 자녀들에게 자신이 만든 게임을 하지 못하게 한대. 그 이유는 이렇게 설명했어. "사람들을 중독에 빠뜨리려고 우리가 어떤 기술을 사용했는지 속속들이 알기 때문에, 내 아이들은 그런 위험에 노출시키지 않으려고 해요."

★ 테크 회사 중역들 중에는 베이비시터나 육아 도우미를 고용할 때, 아이들이 스마트폰과 게임을 비롯해 어떤 종류의 화면도 가까이 하지 못하게 해야 한다는 계약서에 서명하라고 하는 사람들도 있어.

이 이야기들이 기묘하게 들린다면, 실제로 이것들이 '기묘한' 행동이기 때문이야. 그리고 테크 회사 중역들이 이런 행동을 하는 이유는 자신들의 제품에 대해 우리가 알아서는 안 되는 비밀을 많이 알고 있기 때문이야. 자, 이제 **그 비밀들을 공개할게**.

비밀 1

테크 마법사들이 파는 것은 앱이 아니고 바로 '너'다

스마트폰 회사와 SNS 회사 중에는 인류 역사상 손꼽을 만큼 부유한 회사가 많아. 예를 들면, 메타(페이스북, 인스타그램, 왓츠앱, 스레드 등을 소유한 글로벌 테크 기업)의 기업 가치는 1조 달러가 넘어. 1조 달러는 100만 달러 뭉치를 '100만 개'나 쌓아놓은 것에 해당해. 숫자로 쓰면, 1,000,000,000,000달러야.

스마트폰을 만들어 파는 회사들의 기업 가치가 높은 것은 충분히 이해가 가는데, 스마트폰은 아주 비싼데도 많은 사람들이 사기 때문이지. 하지만 메타를 비롯해 스냅과 틱톡 같은 그 밖의 SNS 회사들은 스마트폰을 만들지 않아. 이 회사들은 대신에 앱을 만들어. 그리고 이 앱들은 공짜로 다운로드해 쓸 수 있어. 그렇다면 **도대체 이 회사들은 왜 그토록 기업 가치가 높을까?**

> **이건 몰랐을걸?**
>
> 네가 회사를 다니면서 1년에 10만 달러를 받는다고 하자. 1조 달러를 벌려면 몇 년을 일해야 할까? 1000만 년이나 걸려.

테크 마법사들이 사람들이 알길 원치 않는 첫 번째 비밀을 알려 줄게. 이 회사들은 앱을 판매해 돈을 벌지 않아.

대신에 **우리의 피드에 광고를 보여 주고 돈을 벌지.** 아주 잠깐이라도 우리가 광고에 눈

길을 줄 때마다 광고를 의뢰한 회사가 SNS 마법사들에게 돈을 지불하거든. 우리가 앱에 시간을 많이 쓸수록 마법사들은 더 많은 광고를 보여 줄 수 있고, 따라서 더 많은 돈을 벌 수 있어. 다시 말해서, SNS 마법사들은 광고를 보여 주길 원하는 회사들에 **우리의 시간과 주의를 팔아** 돈을 버는 거야.

우리는 고객이 아니야. **우리는 팔려 가는 제품인 거야.**

이 시스템이 어떻게 돌아가는지 예를 들어 보여 줄게.

1. 어떤 회사가 팔려고 하는 제품이 있어. 예컨대 그 제품이 스케이트보드라고 하자.
2. 그 회사가 스케이트보드 광고를 만들어.
3. SNS 회사는 누가 스케이트보드를 사는 데 관심이 있는지 알아내려고 노력해.
4. SNS 회사가 사람들이 보는 피드에 스케이트보드 광고를 집어넣어.
5. 단 1초라도 누군가 광고를 볼 때마다 스케이트보드 회사는 SNS 회사에 돈을 지불해. 스케이트보드를 살지도 모르는 고객이 한 명 늘어났기 때문이지. 그리고 만약 그 사람이 광고를 '클릭'하면, 스케이트보드 회사는 SNS 회사에 더 많은 돈을 지불해.

회사가 우리의 시간과 주의를 다른 회사에 팔아 돈을 버는 시스템을 **'주의력 경제'**라고 불러. 광고가 포함된 앱은 모두 이 경제 시스템에 따라 작동하고 있을 가능성이 아주 높아.

모든 광고가 광고라는 사실을 분명하게 드러내는 것은 아니야. '후원(sponsored)'이란 문구가 포함된 게시물과 영상은 모두 광고야. 그래서 '회원님을 위한 추천' 또는 '추천 게시물' 같은 문구가 붙어

이렇게 생각해 봐:

SNS(혹은 광고가 딸린 어떤 앱)에서 1분을 쓸 때마다 그 1분의 시간에 해당하는 돈을 테크 마법사의 호주머니에 갖다 바치는 셈이야.

있는 게 많아. 이런 것들이 피드에 뜨는 이유는 회사나 개인이 그러라고 돈을 지불하기 때문이야. SNS에서 인플루언서가 자신이 '아끼는' 제품에 대해 이야기하는 것도 그 대가로 누군가에게서 돈을 받기 때문이야. 그들이 정말로 그 제품을 좋아하는지, 아니면 우리에게 그것을 사게 하려고 좋아하는 체하는지는 알 방법이 없어.

사실, SNS에서 보는 내용이 사실인지 아닌지 분간하기 어려운 경우가 많아. 왜냐고? **SNS 회사는 사람들이 플랫폼에 올리는 내용이 정확한지 혹은 실제로 있는 일인지 확인하지 않기 때문이야.** 그들의 목적은 진실을 전달하는 게 아니야. 단지 광고에서 돈을 버는 게 목적일 뿐이야. 그래서 **'왜' 특정 게시물과 광고가 내 피드에 올라오고, 그 대가로 '누가' 돈을 지불하고, 그것을 통해 우리에게 '무엇을' 하게 하려고 하는지** 늘 반문하는 습관을 들이는 게 중요해.

이렇게 해 봐!

인스타그램을 쓰는 사람에게 그의 피드에서 맨 위에 올라온 게시물 10개를 보여 달라고 해 봐. 그리고 '후원'이나 '추천'이란 문구가 딸린 게(즉, 광고일 가능성이 높은 게) 몇 개나 되는지 세어 봐. 그 결과를 말해 주고, 상대방의 반응을 살펴봐.

게임 회사는 어떻게 돈을 벌까?

★ **게임 판매:** 일부 게임은 일시불로 판매되지. 오프라인 매장에서 사거나 온라인에서 구매해 다운로드한 게임은 소장해서 원하는 만큼 오랫동안 사용할 수 있어.

★ **광고:** 많은 '공짜' 게임은 SNS 회사와 같은 방법으로 돈을 벌어. 즉, 게임을 하는 사람들에게 광고를 보여 줘.

★ **게임 아이템 판매:** 많은 게임은 공짜로 플레이할 수 있지만, 게임 내 추가 아이템이나 기능, 콘텐츠는 따로 구매해야 해. 예를 들면 새로운 의상이나 캐릭터 스킨, 특별한 능력치, 추가 생명력, 새로운 레벨 같은 게 있어.

★ **사용료:** 일부 게임은 플레이 시간을 늘리거나 추가 혜택을 누리려면 한 달 또는 1년 단위로 사용료를 내야 해.

우리의 궁극적인 목표는 플레이어가 습관처럼 하루도 빼놓지 않고 찾게 만드는 게임을 개발하는 것입니다.

–윌리엄 시우,
게임 회사 스톰8의 공동 창업자

★ **다운로드할 수 있는 콘텐츠(DLC):** 게임을 출시한 후, 게임 제작사는 가끔 새로운 레벨이나 캐릭터를 포함한 확장 콘텐츠를 유료로 배포하는데, 사용자는 이를 따로 구매해야 해.

테크 마법사는 우리에게 어떤 광고를 보여 주어야 할지 어떻게 판단할까?

예전에는 종이 신문과 잡지가 모든 독자에게 똑같은 광고와 뉴스를 보여 주었어. 하지만 SNS 앱은 나만을 위해 특별히 엄선한 콘텐츠와 광고를 보여 주지.

테크 마법사는 **'알고리즘'**이라는 컴퓨터 프로그램을 사용해 어느 순간에 각자에게 정확하게 무엇을 보여 주는 게 좋을지 결정해.(알고리즘은 기본적으로 컴퓨터에 내리는 일련의 지시들이야.) 그래서 **사람마다 보이는 SNS 피드가 제각각 다른** 거야. 알고리즘이 그 사람을 플랫폼에 붙잡아 둘 가능성이 가장 높은 것이 무엇인지 분석해 각자에게 적합한 사진과 영상, 게시물, 광고를 따로 선택하기 때문이지. 화면 스크롤에 더 많은 시간을 보낼수록, 광고에 더 많은 주의를 기울일수록, 테크 마법사들에게 더 많은 돈이 돌아간다는 사실을 잊지 마.

그렇다면 테크 마법사와 알고리즘은 우리에게 어떤 광고를 보여 주어야 할지 어떻게 판단할까?

그건 간단해. **그들은 늘 우리를 감시해.** 우리(그리고 우리의 친구)에 대해 더 많은 것을 알수록 우리가 클릭할 가능성이 높은 광고가 무엇이고, 어떤 콘텐츠가 우리를 그 앱에 빠져들게 할지 알아내기가 더

쉽거든. 테크 마법사는 자신의 제품이 사람들에게 자유를 준다고 말하길 좋아해. 하지만 저항아들은 **스마트폰이 추적 장치와 같다**는 걸 잘 알고 있어. 마법사가 사람들에게 어딜 가거나 항상 스마트폰을 갖고 다니게 만들었기 때문이지.

우리가 스마트폰에서 뭔가를 보거나 게시하거나 '좋아요'를 누르거나 댓글을 남길 때마다 테크 마법사와 알고리즘은 우리가 한 일을 기록해. 그리고 그 정보를 이용해 우리가 어떤 것에 관심이 있고, 장차 어떤 것에 관심을 보일지 알아내려고 해.

그들은 심지어 우리가 무심코 흘리는 자신에 관한 정보까지 수집해. 예를 들면, 그들은 우리가 어떤 게시물이나 영상을 얼마나 오래 봤는지 기록해. 심지어 눈 깜짝할 사이보다 짧은 순간 멈춘 것까지 추적하지.

이렇게 생각해 봐:

한번 상상해 봐. 길을 가는데 모르는 사람이 네게 다가와서 네 이름, 생일, 집 주소, 학교 이름과 주소를 알려 달라고 하는 거야. 또한 네 가족과 친구 모두의 이름과 실시간 위치도 알려 달래. 그동안 방문한 장소들은 어디이고, 함께 있었던 사람은 누구이며, 가장 좋아하는 옷과 음악, 콘텐츠, 영화, 음식은 무엇인지도 말이야. 그러면 넌 처음 보는 사람에게 이런 정보를 전부 다 말해 줄 거니?

그들은 또한 스마트폰의 GPS를 사용해 우리가 어디에 있고, 언제 어떤 친구와 함께 지내는지도 알 수 있어. 심지어 우리의 기분까지 알아내기도 해.

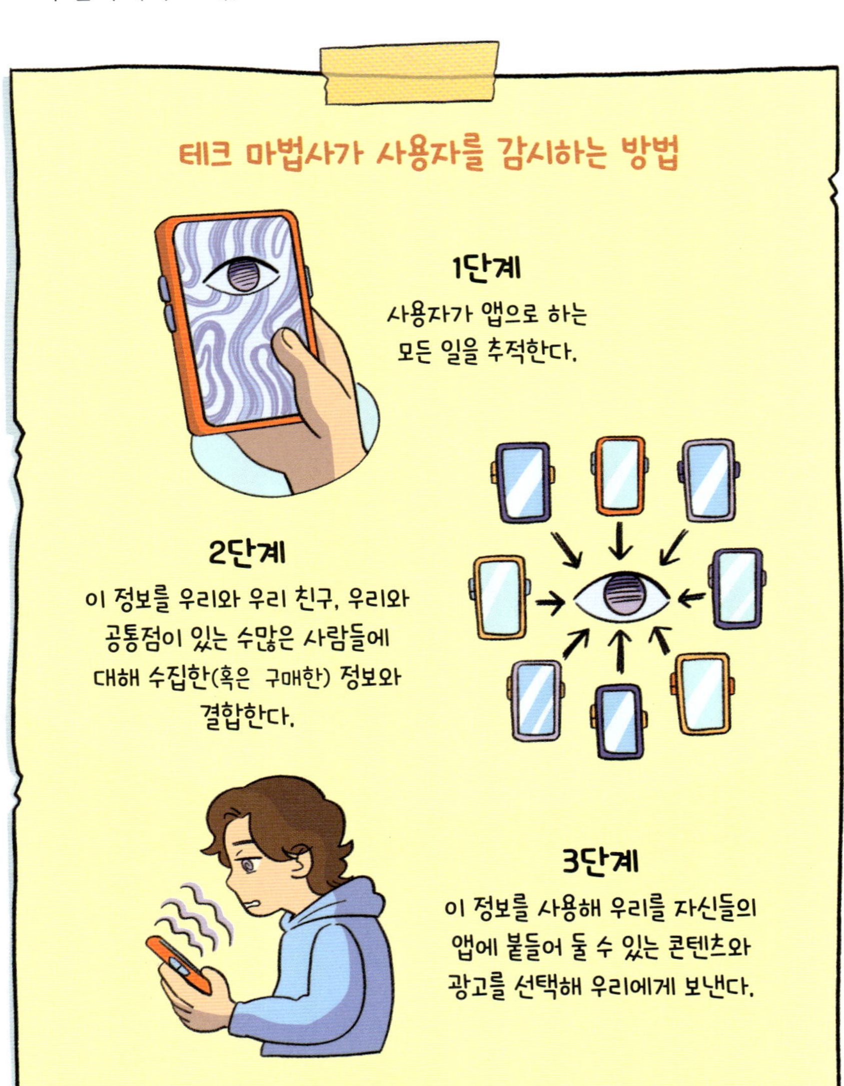

SNS 마법사는 자신들의 앱에 관해 이런 식으로 이야기할 거야. "사람들에게 자신을 표현하고, 현재를 즐기며 살고, 세상에 대해 많은 것을 배우고, 함께 즐기는 데"(스냅챗) 또는 "자신이 좋아하는 사람들과 대상에 더 가까이 다가가는 데"(인스타그램) 또는 "창조성을 높이고 재미를 제공하는 데"(틱톡) 도움을 주도록 설계되었다고 말이야.

하지만 저항아는 사용자를 감시하고 중독성이 있는 제품을 설계하는 회사를 신뢰해서는 안 된다는 사실을 잘 알아.

나는 사람들이 테크 회사들을 의심의 눈과 심지어 혐오의 눈으로 바라보았으면 좋겠어.

-제이키, 16세

테크 마법사들의 '진짜' 목적은 돈을 더 많이 버는 거야. 그들은 이 목적을 위해 사람들, 심지어 아이들과 십대 청소년에게 해가 되는 일도 서슴지 않아.

이건 몰랐을걸?

전에 메타에서 중역으로 일했던 세라 윈-윌리엄스는 미국 의회에 출석해 **인스타그램은 십대 여자아이들이 스스로에 대해 불만을 느끼는 때가 언제인지 알 수 있다**고 증언했어. 예컨대 셀카 사진을 언제 삭제하는지를 보면 된대. 그러면 인스타그램은 그 순간을 놓치지 않고 미용 제품 광고를 보여 줄 기회로 활용한다고 해.

프라이버시를 보호받을 권리

테크 마법사가 자신을 감시한다는 사실을 알고 나서도 "난 프라이버시 따위는 신경 쓰지 않아. 난 숨길 게 하나도 없어!"라고 말하는 사람들이 있어. 하지만 프라이버시는 중요해. 그것도 아주아주 많이.

★ 프라이버시는 자신의 삶을 통제하는 데 도움을 줘. 프라이버시는 사람들이 자신에 대해 알아야 할 것과 그것을 알아야 하는 때, 그리고 그것을 알아도 되는 사람을 스스로가 결정한다는 것을 뜻해.

★ 프라이버시는 외부에서 아무 압력도 받지 않고 자유롭게 살아갈 수 있게 해 줘. 감시나 평가를 받지 않는다면, 경계심을 내려놓고 자신의 감정을 솔직하게 드러낼 수 있고, 실패하더라도 놀림을 받을 걱정 없이 새로운 것을 시도할 수 있어.

★ 프라이버시는 안전을 보장해 줘. 낯선 사람은 물론이고 심지어 아는 사람도 나의 개인 정보(혹은 사진이나 영상)를 너무 많이 갖고 있으면, 그것을 이용해 나를 속이거나 괴롭히거나 나쁜 용도로 사용할 수 있어.

> 내 흔적이 인터넷에 영원히 남는다는 걸 생각하면 몹시 불안해.
>
> -필리파, 23세

비밀 2
'공짜' 앱은 사실 공짜가 아니다

테크 마법사들이 자신을 감시하더라도 괜찮다는 사람들이 있어. 대신에 앱을 공짜로 사용할 수 있으니, 그래야 공평한 거래가 아닐까 하고 생각하는 거야. 그리고 때로는 앱이 그 사람이 정말로 관심을 가진 광고와 콘텐츠를 보여 주기도 해.

하지만 저항아들은 진실을 알고 있어. **이 앱들을 사용할 때 치러야 하는 비용이 따로 있는데, 그것은 바로 사용자의 시간과 주의야.** 마법사들에게는 아주 유리한 거래인데, 시간과 주의는 돈보다 가치가 '더 높기' 때문이야. 사실, **시간과 주의는 우리에게서 가장 가치 있는 것** 중 두 가지야.

시간과 주의가 왜 돈보다 가치가 더 높을까?

만약 어떤 것에 돈을 쓰고 나서 후회가 된다면, 그것을 반품하고 돈을 되찾을 수 있어. 하지만 시간이나 주의를 어떤 것에 쓴다

이렇게 생각해 봐:

영어에서는 시간과 주의를 말할 때 돈에 관한 동사를 써서 말해. 돈처럼 소중한 자원이라는 뜻으로 말이야. 'spend' time(시간을 쓰다), 'pay' attention(주의를 기울이다)처럼 돈을 지불하는 데 쓰는 표현을 쓰지.

면, 그것은 영영 사라지고 말아. 앱에 시간과 주의를 쓰는 것도 마찬가지야. 그것을 다른 곳에 쓸 수도 없고, 되돌려받을 수도 없어.

이 사실은 아주 중요한데, **우리의 인생은 순간들이 모여서 이루어지기 때문이야.** 한 번에 하나의 순간씩만 집어넣을 수 있는 병이 인생이라고 생각해 봐. 재미있고 의미 있는 인생을 원한다면, 어떤 순간들을 병 속에 집어넣어야 할지 고민하게 될 거야. 다시 말해서, 자신의 주의와 시간을 어떻게 '쓸지' 신중하게 판단해야 할 필요가 있어.

나는 인생을 낭비하고 있다는 느낌이 들었어. 내가 90년을 살면서 30년을 스마트폰을 들여다보는 데 썼다면, 90년을 온전히 제대로 산 거라고 말할 수 있을까?

–칼리아니, 15세

중요한 것은 시간

순간은 아주 짧지만, 순간들이 모여서 한 시간이 되고, 하루가 되고, 일주일이 되고, 일 년이 되고, 결국 평생이 되는 거야. 그렇다면 우리는 자신의 일생에서 얼마나 많은 시간을 테크 마법사들에게 빼앗기고 있을까?

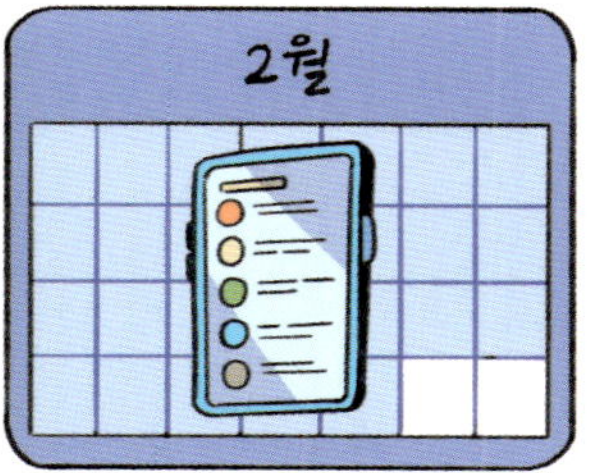

미국의 십대 청소년은 평균적으로 **하루에 약 5시간을** SNS(틱톡과 유튜브에서 영상을 보는 시간을 포함해)에 쓰고 있어. 이 시간을 1년 동안 차곡차곡 모으면 무려 2개월 반이나 돼. 이건 한 해의 방학 기간을 모두 합친 만큼 긴 시간이지.

여기에 텔레비전을 보거나 태블릿과 컴퓨터로 인터넷을 하는 등 다른 전자 기기 화면을 보는 시간까지 더하면, 하루 평균 스크린 타임이 8시간

화면을 바라보면서 보낸 그 모든 시간을 다른 데 썼더라면, 내 뇌가 어떤 일을 할 수 있었을까 하고 궁금한 생각이 들 때가 가끔 있어.

–줄리엣, 17세

을 훌쩍 넘어.(이 8시간에는 학교 수업이나 숙제를 위해 컴퓨터를 사용하는 시간은 빠져 있어!)

이 모든 것을 계산해 보면(마법사들은 너희들이 그러길 절대로 원하지 않을 테지만), 평균적인 미국 십대 청소년은 **1년에 4개월 이상을 화면에 빠져 살아간다**는 이야기가 돼.

이것은 전체 인생 중 3분의 1이 넘는 시간이야! 심지어 잠자는 시간 빼고 깨어 있는 시간(하루에 15~16시간)만 생각한다면, **인생의 절반 이상을 화면에 빼앗기는 셈이야!**

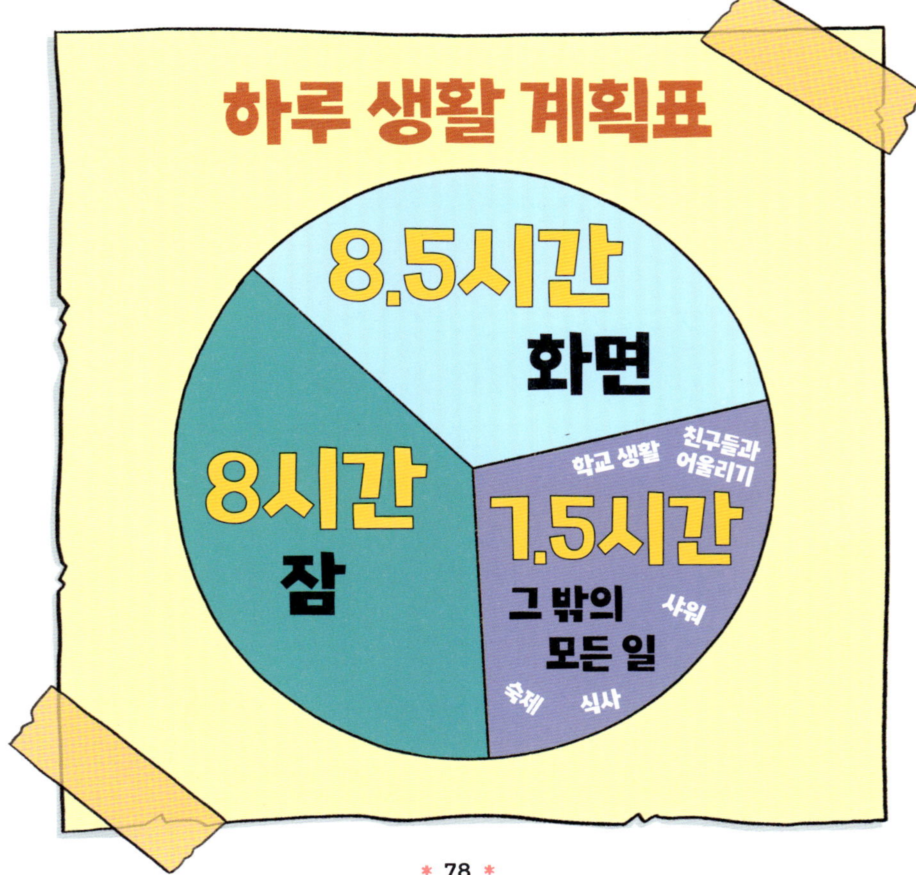

저항아의 하루 계획

- 기타로 새로운 곡 연주하기
- 친구들과 점심 같이 먹기
- 자전거 타고 도서관 가기
- 가족과 보드게임 하기

테크 마법사의 추천

오전 9시~11시	영상 보기
정오~오후 5시 30분	SNS 둘러보기
오후 7시~9시	게임 하기

이렇게 생각해 봐:

매일 자유 시간이 추가로 세 시간씩 있다고 상상해 봐. 그 시간에 무엇을 할 수 있을까? 만약 친구들도 똑같이 자유 시간이 추가로 세 시간씩 주어진다면 어떨까?

> 피아노 연주나 탭댄스를 배울 수 있었을 텐데!
>
> –테아, 19세

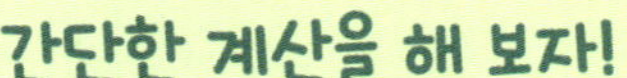

부모님이나 너보다 나이가 많은 형제에게 일 년에 스마트폰을 사용하는 데 쓰고 싶은 시간이 몇 달인지 물어봐.(상대방이 너를 이상한 듯이 바라보면서 "전혀."라고 말하더라도 놀라지 마.) 그러면 스마트폰에서 일일 스크린 타임 통계를 찾아보라고 해. 그러고 나서 다음 쪽에 나오는 표를 사용해 그 시간을 모두 합치면 일 년에 며칠 또는 몇 개월이 되는지 보여 줘. 부모님이나 형제는 어떤 반응을 보일까?

친구들과 함께 있었지만 그저 스마트폰만 스크롤하며 온라인에서 시간을 보낸 게 너무너무 후회돼. 소중한 시간을 통째로 날려버린 것처럼 느껴져.

-샘, 17세

스크린 타임 계산기

이걸 보여 주면
사람들이 깜짝 놀랄걸?

하루 1시간≈
1년에 **15일**

하루 2시간≈
1년에 **1개월**

하루 4시간≈
1년에 **2개월**

하루 6시간≈
1년에 **3개월**

하루 8시간≈
1년에 **4개월**

하루 10시간≈
1년에 **5개월**

12월
딩동!
딩동!
딩동!
공지 사항! 폭설로 오늘 휴교!
학교 안 가도 돼! 야호!!!!!!!!!
눈이다ㅏㅏㅏㅏㅏㅏㅏㅏㅏㅏ
때르릉! 때르릉!
7:00
여보!
밖을 좀 봐요!

공원에서
만날까?

딩동!

클릭
클릭

헤헤

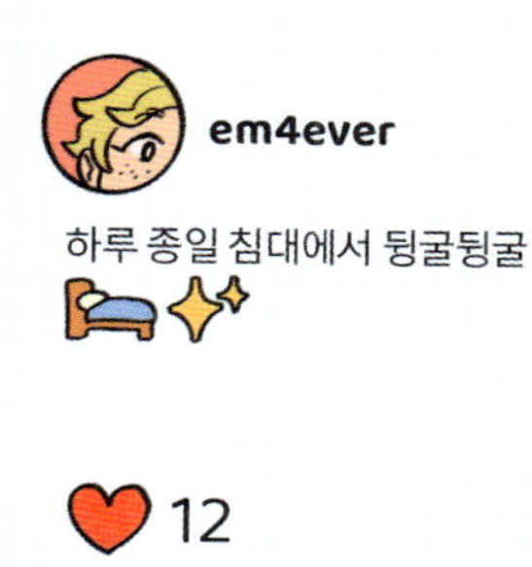
em4ever
하루 종일 침대에서 뒹굴뒹굴
12

스크린 타임의 숨겨진 비용

많은 사람들은 포모(FOMO, fear of missing out) 때문에 끊임없이 스마트폰을 확인해. 포모는 유행이나 흐름에서 자신만 소외될지 모른다는 불안감을 가리켜. 그런데 여기에는 반전이 있어. 계속 스마트폰을 확인하느라 오히려 놓치는 것들이 많이 생긴다는 점이야. 이것이 바로 스크린 타임의 **숨겨진 비용**이야.

SNS와 게임을 오가며 죽 살았는데, 그러다가 어느 순간 다른 사람이 나의 삶을 대신 살아가는 듯한 느낌이 들었어.

–매슈, 19세

경험

스마트폰에 너무 몰두하다 보면, 현실 세계에서 우정과 재미를 누릴 기회를 놓칠 수 있어.

이것은 **동시에 두 가지 일을 하거나 두 장소에 있을 수 없기** 때문에 그래. 방 안에서 혼자 스마트폰을 들여다보고 있다면, 밖에 나가 스포츠를 하거나 자전거를 탈 수가 없지.

스마트폰은 너에게 다가오고 싶은 사람에게 "귀찮게 하지 마."라는 신호가 될 수 있어.

–테아, 19세

모두가 스마트폰을 갖게 되자, 우리는 서로의 대화에 집중하는 대신에 스마트폰만 쳐다보게 되었지.

-테일러, 13세

또한, **동시에 두 가지 일에 집중하는 것도 불가능해.**(내 말이 믿어지지 않는다고? 동시에 두 가지 생각을 하려고 해 봐. 잘 안 되지?) 따라서 네가 친구와 함께 있는데, 둘 다 손이나 주머니 속에 스마트폰을 갖고 있고, 알림 신호가 끊임없이 울린다면, 서로에게 주의를 기울일 수가 없게 돼.

퍼빙(phubbing)

'퍼빙'은 'phone-snubbing(전화-무시)'의 준말로, 대화를 나누면서 스마트폰을 확인하거나 스마트폰에 정신이 팔려 상대를 건성으로 대하거나 스마트워치의 알림을 끊임없이 확인하면서 상대방을 무시하는 태도를 말해. '퍼빙'을 당하는 상대방은 당연히 기분이 나쁘지. 반대로 누가 자신에게 주의를 기울일 때에는 기분이 아주 좋아져.

기억

스마트폰은 또한 사람들에게 기억을 할 기회를 앗아 가. 애초에 어떤 일을 경험하지 않는다면, 기억할 것도 없기 때문이지!(그리고 우리는 주의를 기울인 것을 더 잘 기억하는 경향이 있어.)

기억할 게 없다는 것은 십대에게는 특히 큰 문제인데, 십대의 뇌는 어른의 뇌보다 기억을 저장하는 데 훨씬 뛰어나기 때문이야. 사실, 어른의 머릿속에 남아 있는 기억 중 가장 생생한 것은 대개 십대 시절에 기억한 것들이야.

> 친구한테 SNS 게시물 딱 하나만 보여 주려고 했는데, 결국 둘이 스크롤만 하고 있었어. 문득 정신을 차리면, 어느새 헤어져야 할 시간이었지. 재미있는 것이나 추억이 될 만한 것은 전혀 하지 못한 채 말이야.
>
> –글로리, 14세

따라서 어른이 되었을 때 어린 시절이나 십대 시절의 즐거운 추억을 많이 기억하고 싶다면, '지금' 현실 세계에서 모험과 즐거운 일을 많이 경험하도록 노력해.

잠

넷플릭스의 CEO는 가장 큰 경쟁자가 누구냐는 질문을 받았을 때, (아마 너는 아마존이나 다른 스트리밍 서비스 회사를 떠올렸겠지만) 그는 이렇게 대답했어. **"우리의 최고 경쟁 상대는 잠입니다."**

이것은 핵심을 찌르는 말인데, 잠을 충분히 자는 것은 정말로 중요하기 때문이야! 특히 **십대 청소년은 밤에 8~10시간을 자야 하고,** 때로는 11시간까지도 자야 해. 잠을 자는 동안 우리 몸은 기력을 회복하고, 뇌도 재충전할 기회를 얻

을 뿐만 아니라, 그날 배운 것을 나중에 기억할 수 있도록 정리하고 조직할 기회를 얻지. 잠은 마법의 묘약에 가까워. 잠은 신체 능력뿐만 아니라 학업 능력과 기분까지 모든 것을 더 나은 상태로 만들어 주거든.

그런데 우리가 화면에 잠을 빼앗기는 방법은 TV 프로그램을 한꺼번에 몰아서 보는 것뿐만이 아니야.

많은 화면에서는 블루 라이트(blue light)가 나오는데, 이 빛은 뇌를 아직도 낮이라고 착각하게 만들어. 그래서 뇌는 밤에 잠이 오게 하는 물질인 멜라토닌을 분비하지 않게 돼.

그리고 화면으로 영상을 보거나 게임을 하거나 메시지를 보내는 등의 활동은 대부분 흥미진진한 것이어서 마음을 차분하게 가라앉히는 것과는 거리가 멀어. 바로 이런 이유 때문에 많은 저항아는 잠자리에 들기 한 시간 전부터는 화면을 전혀 보지 않아.

몇 년 전부터 나는 잠자리에 들기 전에 스마트폰을 사용하지 않기로 했어. 대신에 잠이 오기 전까지 최대한 오랫동안 책을 읽었지. 나는 이 습관 때문에 더 행복하고 똑똑한 사람이 되었다고 생각해.

—제이키, 16세

저항군 인터뷰

타일러 스몰우드
18세, 메릴랜드주

최신 기술을 처음 경험한 시기는 언제였어요?

중1, 2학년 때, 게임에 중독되었어요. 달라지고 싶어서 운동을 시작했어요. 그러다 이번에는 SNS에 푹 빠졌지요. 온라인에서 본 사람들과 나 자신을 끊임없이 비교하기 시작했어요. 결국 우울증 진단을 받았지요.

극복하는 데 도움이 된 활동은?

친구들과 직접 만나 시간을 더 많이 보내려고 열심히 노력한 거였지요.

친구들과 함께 있을 때에는 주로 뭘 하나요?

우리 모임의 규칙은 함께 모여 생각나는 대로 아무거나 다 하는 거예요. 그래야 좋은 추억을 만들 수 있으니까요.

그럴 때 스마트폰은 어떻게 하나요?

우리가 밖에서 같이 놀 때에는 스마트폰을 모두 모아 테이블 위에 올려놓아요. 아예 확인할 수 없게요. 그렇게 하면, 더 많이 웃고 더 좋은 시간을 보낼 수 있어요.

하고 싶은 조언이 있다면?

직접 사람들을 만나 함께 활동하세요! 친구들과 함께 보내는 시간이 많아질수록 스마트폰을 들여다보고 싶은 생각이 덜 들 거예요.

SNS를 시작하면서 나는 내 걸 만들기보다 남의 걸 구경만 하는 사람이 되어 갔지.

-데이비다, 22세

스마트폰 화면을 넘기며 보낸 시간은 기억이 나지 않을 테지만, 친구들과 함께 한 모험과 깊은 대화, 그리고 온전히 그 순간에 빠져 있던 시간은 기억에 남을 거야.

-소피아, 21세

학기 말
숨어 있는 끼와 재능을 마음껏 펼쳐 보세요!
장기자랑
자세한 내용은 이메일로 문의하세요.
12월 11일

안녕, 데이비드!
이번에도 피아노 칠 거야?
헉!

아니, 어…
난 이제 사람들 앞에서 치는 거 관뒀어.
아쉽다. 난 네 연주 좋았는데.

어쨌든… 난 간다.
안녕!

탁
탁 탁
탁
탁
탁
장기자랑
스케이트보더가 가장 잘하는 게임은?
정답은 보드게임!
어, 그러니까…
둘 다 같은 '보드'니까요. 스펠링도 같아요. B-O-A-R…

어어어…

아이쿠!
콰당!
으악!
찰칵!
그래, 썰렁한 농담
보단 이게 조회 수
훨씬 많겠어.

다음 참가자는
소피입니다. 직접
만든 곡을 노래
한다고 합니다.

짝
짝
짝

딩딩!

장기자랑

소피!

짝

짝

와우!

소피
진짜 잘한다!

어쩌면 소피는
저렇게 못 하는 게
없을까?

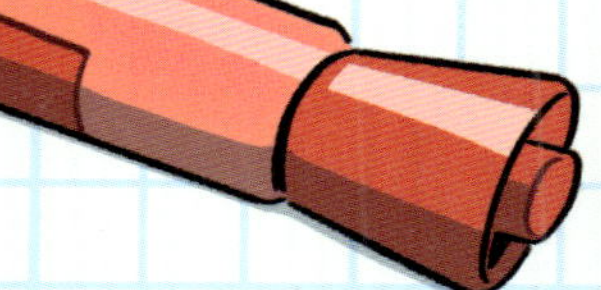

비밀 3
테크 마법사들은 우리 뇌를 해킹한다

'해킹'은 원래 컴퓨터 프로그래머들이 사용하는 단어로, 너의 비밀번호를 알아내는 것처럼 컴퓨터나 프로그램이 원래 해서는 안 되는 일을 하도록 만드는 기술을 뜻해.

일부 테크 마법사들이 사용하는 용어인 '브레인 해킹(뇌 해킹)'은 사람들이 원래 해서는 안 되고, 할 의도도 전혀 없고, 정상적으로는 하고 싶어 하지 않는 일을 하게 만드는 방법을 말해. 예를 들면, 하루에 몇 시간씩 스마트폰 화면만 스크롤하며 보내게 함으로써 그 밖의 중요한 일을 전혀 하지 못하게 하지. 이것은 무의식적 차원에서 일어나. 즉, 우리가 전혀 의식하지 못하는 사이에 일어나기 때문에, 많은 사람들은 심지어 '좋아하지' 않는 앱에 많은 시간을 낭비하게 돼. 이런 일이 일어나는 것은 **바로 그들의 뇌가 해킹당했기 때문이야!**

만약 저항아가 되고 싶다면, 테크 마법사가 자신의 뇌를 해킹하지 못하게 막아야 해.

그러려면 알아야 할 것들이 있어.

이건 몰랐을걸?

많은 테크 회사에는 사람들의 뇌를 해킹하는 데 더 나은 방법을 궁리하는 직원들이 있어. 그들은 이 일을 '설득 디자인'이라고 부르지.

도파민: 브레인 해킹의 비밀 재료

브레인 해킹은 대부분 우리 뇌가 도파민을 분비하게 만드는 방법을 사용해. 도파민은 많은 일을 하는데, 그중에서 특히 알아두어야 할 중요한 역할이 하나 있어.

도파민은 습관을 형성하는 데 도움을 줘.

가끔 도파민은 음식물을 찾는 것처럼 유익하고 생존에 유리한 습관을 형성하는 데 도움을 줘. 예를 들어 숲속을 걷다가 산딸기를 발견했다고 상상해 봐.

잘 익은 산딸기처럼 뇌는 즐거워 보이는 것을 마주칠 때마다 자동적으로 도파민을 약간 분비해. 도파민은 뇌에게 "주의를 기울여. 이것은 중요한 것일 수 있어."라고 알려 주지. 또한 우리에게 도파민을 분비하게 만든 대상을 '원하게' 해. 그래서 손이 저절로 산딸기를 향해 뻗지.

산딸기를 따서 먹으면 아주 달콤한 맛을 느낄 수 있어. 달콤함을 맛보면서 느끼는 즐거움은 더 많은 도파민 분비를 일으키고, 그러면 우리는 더 많은 산딸기를 원하게 돼. 또한 뇌에게 장래에 기회가 있으면 산딸기를 더 찾아보라고 가르치지. '다음에' 또다시 숲에 가면, 도파민 때문에 뇌는 자동적으로 산딸기가 있는 장소를 찾게 되고, 우리의 발길은 과거에 산딸기를 발견한 장소로 자연히 향하게 되지. 때로는 정확한 이유도 모르면서 저절로 그곳으로 가게 돼.

산딸기를 먹는 것은 건강에 좋은 습관이야. 고마워, 도파민!

하지만 도파민은 우리에게 '좋지 않은' 습관도 생기게 할 수 있어. 무료하거나 따분함을 느낄 때마다 스마트폰을 들여다보거나, 강박적으로 SNS를 확인하거나, 매일 몇 시간씩 게임을 하는 습관도 바로 이런 방식으로 생기는 거야. 이것은 **뇌가 언제 도파민을 분비해야 할지 스스로 선택하지 못하기 때문에** 그래. 도파민 유발 요인을 만날 때마다 뇌는 '자동적으로' 도파민을 분비해.

도파민 유발 요인은 우리가 그것에 대해 생각하지 않더라도 뇌가 자동적으로 도파민을 분비하게 만드는 요인을 말해.

앱은 어떻게 사람들을 중독에 빠뜨릴까?

뇌가 도파민을 언제 분비해야 할지 선택하지 못하기 때문에, 사람들을 중독에 빠지도록 앱을 설계하기가 아주 쉬워. 그저 도파민 유발 요인을 잔뜩 채워 넣기만 하면 돼.

제품이나 앱에 도파민 유발 요인을 더 많이 집어넣을수록 그것을 사용하는 사람의 뇌에서 도파민이 더 많이 분비돼. 뇌에서 도파민이 더 많이 분비될수록 그 사람은 그 제품이나 앱을 더 많이 사용하고 싶어 하지. 지금뿐만 아니라 미래에도 말이야. 이렇게 해서 습관이 생겨나는데, 만약 그 습관이 충분히 강하다면 중독으로 발전할 수 있어.

테크 마법사들은 바로 이런 방법을 사용해. 즉, **도파민 유발 요인을 사용해 사람들을 중독에 빠뜨리는 거야.** 심지어 그들은 공공연하게 이렇게 말했어.

> 우리는 한 번씩 사람들의 도파민을 터뜨려 줘야 해요.
> 이것은 나 같은 해커라면 충분히 떠올릴 수 있는 방식인데,
> 결국 우리는 인간 심리의 취약점을 이용해야 하기 때문입니다.
>
> — 숀 파커, 페이스북 초대 사장

중독이란 무엇일까?

'중독'은 자신에게 해가 되거나 관계를 망칠 수 있다는 사실을 알면서도 어떤 것을 먹거나 어떤 행동을 멈추지 못하는 상태를 말해. 보통은 중독이라고 하면 마약이나 담배, 술을 떠올릴 거야. 하지만 사람들은 도박이나 게임처럼 특정 행동에도 얼마든지 중독될 수 있어.

도파민 유발 요인을 알아채는 방법

테크 마법사들이 '가장 많이' 사용하는 도파민 유발 요인은 네 가지가 있어.

밝은색

산딸기 예에서 보았듯이, **밝은색은 특별히 강한 도파민 유발 요인이야**(그때 우리가 무슨 행동을 했는지 기억하지?). 눈길을 더 많이 끄는 것일수록 뇌에서 도파민이 더 많이 분비되고, 우리는 그것에 더 강하게 끌리게 되지.

많은 앱에 밝은색이 넘쳐나는 것은 이 때문이야.

이렇게 해 봐!

친구나 가족에게 스마트폰 화면을 흑백으로 바꾸라고 해 봐. 그리고 흑백 화면과 컬러 화면의 차이를 느껴 보라고 해.(고급 팁 하나! 컬러와 흑백 화면을 빠르게 왔다 갔다 할 수 있게 설정을 조절하는 방법이 있으니 알아봐. 그러면 화면 색을 바꿀 때마다 일일이 설정을 다시 바꾸지 않아도 돼.)

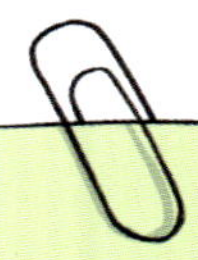

이렇게 해 봐!

학교 컴퓨터를 포함해 네가 쓰고 있는 전자 기기의 알림 설정을 확인해 봐. 그리고 기기와 모든 앱에 있는 **알림 설정을 조정해 봐.** 정말로 내게 중요한 알림만 받을 수 있도록 말이야. 그리고 나머지 알림은 모두 꺼 버리도록 해.

새로운 것

우리 뇌는 새로운 것을 마주칠 때마다 도파민을 분비하는데, 그것이 놀라운 것이면 특히 그래. 우리가 확인할 때마다 스마트폰과 앱은 뭔가 새로운 것을 보여 주도록 설계돼 있는데, 그 이유가 바로 여기에 있어. 모든 게시물과 영상, 알림은 뇌를 자극해 도파민을 분비하게 만들어. 그리고 그런 일이 일어날 때마다 우리는 점점 더 스마트폰에 빠져들게 되는 거야.

보상

우리가 보상을 얻거나 보상처럼 보이는 것을 마주칠 때마다 뇌에서 도파민이 분비돼. 이렇게 보상을 얻으면 도파민이 분비돼 행복감을 느끼기 때문에, 우리는 보상을 '더' 얻으려고 더 열심히 노력하게 되지.

이것은 우리에게 어려운 일에 도전하여 의미 있는 보상을 얻도록 동기를 부여할 수 있어.

하지만 여기에는 함정이 있어. 보상처럼 보이는 것은 '무엇이건' 뇌에서 도파민을 분비하게 해.

> 인스타그램 릴스는 아무리 많이 보더라도 공허함밖에 남지 않아. 하지만 기타를 치면서 시간을 보내면 큰 만족감을 느낄 수 있는데, 실제로 뭔가를 배우기 때문이지.
>
> -타일러, 18세

설령 그 보상이 정말로 나에게(그리고 어느 누구에게도) 중요한 것이 아니더라도 말이야.

테크 마법사들은 이 사실을 잘 알아. **그들이 앱에 보상을 얻을 기회를 잔뜩 집어넣는 것은 이 때문이야.** 그들은 보상 가능성을 이용해 우리를 중독에 빠뜨리려고 해.

게임에서 사용하는 보상은 여러 가지가 있어. **포인트나 게임 머니 얻기, 아이템 박스 찾기, 레벨 업 하기, 이스터 에그 찾기, 랭킹 상승** 등이 있지. 당연히 이러한 보상(그리고 더 많은 보상을 얻을 가능성)은 도파민 분비를 촉진하고, 그러면 우리는 기분이 좋아져 게임을 더 하고 싶어지지.

SNS 앱이 사용하는 보상에는 **하트, '좋아요', 팔로워나 구독자 수, 댓글** 등

이 있어.(테크 마법사들은 이 방법이 '특히' 십대 청소년에게 효과가 있다는 사실을 잘 알고, 이를 교묘하게 활용해.) 이러한 보상 때문에 사용자는 자신의 '점수'를 알기 위해 앱을 계속 확인하고 싶어 하지.

우리는 이러한 하트, '좋아요', 엄지척 같은 단기적 신호로 보상을 받고, 그것이 정말로 가치가 있다고 착각합니다. 하지만 실제로는 와르르 무너지기 쉬운 가짜 인기로 … 공허함만 남습니다.

— 차마스 팔리하피티야, 페이스북의 전 부사장

우리 뇌는 **나쁜 기분을 사라지게 하는 것에 마주칠 때에도 보상을 얻는 느낌을 받아.** 사람들이 스트레스를 받거나 불안하거나 기분이 상했을 때 스마트폰을 자주 집어 드는 것은 이 때문이야. 무의식중에 스마트폰에서 우울한 기분을 달래 줄 보상을 찾을 거라고 기대하거든.

연속 기록, 특별히 교활한 브레인 해킹 수법

연속 기록은 앱 열기 같은 것을 하루도 빠지지 않고 매일 하는 것을 말해. 매일 그 활동을 할 때마다 점수가 올라가. 하지만 그러다가 만약 하루라도 빼먹으면, 점수가 0으로 되돌아가지.

월	화	수	목	금	토	일

연속 기록은 언어를 배우거나 운동을 하거나 밤에 잠을 잘 자거나 하는 것처럼 자신에게 중요한 습관을 유지하는 데 도움을 줄 수 있어. 하지만 테크 마법사는 연속 기록을 이용해 우리를 그들에게 돈을 더 많이 벌어다 주는 꼭두각시로 만들어.

예를 들면, 스냅챗은 특별히 설계된 '연속 기록' 특징이 있어서 사람들이 원하든 원치 않든 그 앱을 매일 사용하게 만들어. 그 결과, 일부 십대 청소년은 연속 기록이 깨질까 봐 인터넷에 접근할 수 없는 곳은 아예 가지 않으려고 해. 친구에게 자신의 로그인 정보를 주어 자기 대신에 연속 기록을 계속 이어 가게 하기도 해. 심지어 자신의 연속 기록을 '복원'하는 대가로 SNS 회사에 돈을 지불하는 사람도 있는데, 그 덕분에 테크 마법사는 더 많은 돈을 챙길 수 있지.

와우! 이것과 같은 중독 기술을 더 많이 추가해야겠어.

-스냅챗의 한 직원이 연속 기록에 대해 한 말 중에서

예측 불가능성

스마트폰을 끊임없이 확인하도록 사람들을 훈련시키는 최선의 방법은 '항상' 보상이나 새로운 것을 제공하는 것이라고 생각하기 쉬워. 그러나 테크 마법사들은 **사람(혹은 동물)을 훈련시키는 최선의 방법은 보상을 '이따금' 제공하는 것**이란 사실을 잘 알고 있어. 그것도 보상을 주는 시기를 무작위로 정해 언제 '선물'이 나올지 알 수 없게 하는 게 중요해. 예측 불가능한 보상을 사용하면, 사람들에게 자신에게 좋은 일을 하도록 동기를 부여할 수 있어. 하지만 마찬가지로 그것을 사용해 중독에 빠뜨릴 수도 있어. 많은 앱이 알림 신호를 예측 불가능한 패턴으로 보내는 것은 이 때문이야.

예측 불가능한 보상을 사용해 사람들을 중독에 빠뜨리는 대표적인 기계는 **슬롯머신**이야. 슬롯머신은 카지노에서 흔히 볼 수 있는 도박 기계인데, 바퀴들에 여러 가지 그림이 뒤덮여 있어. 바퀴들을 돌려 같은 그림들이 일렬로 늘어서면, 빛이 번득이고 벨이 울리면서 기계에서 돈이 나와.(이것들은 '모두' 도파민 분비를 유발해.) 하지만 게임에서 이기는 일은 이따금씩 일어나고, 다음번에 바퀴를 돌렸을 때 승패가 어떻게 나올지는 전혀 알 길이 없어. 이러한 예측 불가능성 때문에 사람들은 계속 도박을 하게 되는 거야. 슬롯머신은 중독성이 너무 강해 미국의 많은 주에서는 18세 미만은 슬롯머신을 사용하지 못하게 해!

비록 어린이는 도박을 하지 못하게 법으로 정해져 있지만, 테크 마법사들은 자신들의 제품을 설계할 때 슬롯머신

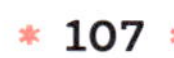

을 자세히 연구해 동일한 중독적 특징을 자신들의 앱에 집어넣었어.(왜 테크 마법사들이 자기 자녀에게 그런 앱을 사용하지 못하게 하는지 알겠지?) 사실, 슬롯머신과 스마트폰은 비슷한 점이 아주 많아 일부 전문가는 스마트폰을 **"호주머니 속에 넣고 다니는 슬롯머신"**이라고 부르기도 해.

뇌를 해킹당한 사람들을 찾아보자!

다음번에 공공장소에 가거든, 얼마나 많은 사람들이 스마트폰을 테이블 위에 올려놓은 채 식사를 하는지, 그리고 호주머니나 가방이 있는데도 스마트폰을 손에 들고 다니는지 살펴봐. 뇌를 해킹당해 문자 메시지를 보내면서 거리를 건너가거나 운전을 하면서 스마트폰을 보는 것처럼 명백히 위험한 짓을 하는 사람을 발견한다면, 보너스 점수를 줄게.

더 많은 노력을 쏟아부은 것일수록 더 가치 있게 여긴다

> 그만두고 싶었지만 그만둘 수 없는 게임들이 있었어. 그 단계까지 올라가느라 그동안 쏟아부은 시간이 아까웠기 때문이지.
>
> —타일러, 18세

연속 기록은 우리 뇌의 또 다른 특징을 이용해. 그것은 바로 **어떤 것에 시간이나 노력을 더 많이 쏟아부을수록 우리가 그것을 더 가치 있게 여기게 된다는 거야.** 설령 현실에서 그것이 **아무 가치가 없더라도** 말이야.

예를 들어 게임에서 새로운 단계에 도달하거나 SNS에서 팔로워를 많이 확보하려고 많은 시간을 쏟아부었다면, 우리는 **그 게임이나 앱을 처음보다 더 가치 있게 여길 거야.** 그리고 그것을 멈추기가 더 힘들어져.

스냅챗처럼 친구와 함께 연속 기록을 쌓아야 한다면, 친구를 실망시킬까 봐 멈추기가 더욱 어려워져. 그래서 마법사는 친구에 대한 의리를 이용해 우리를 자신의 앱에서 시간을 더 많이 보내게 만들지.

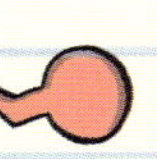

자신의 뇌가 해킹되고 있는지 확인하는 방법

늘 포모에 시달린다.

흥분을 느끼지만 만족하지 못한다.

현실의 삶이 따분하게 느껴진다.

시간 가는 줄 모르게 화면에 빠져 있다가 나중에 후회한다.

스크롤을 시작할 때에는 기분이 좋아. 하지만 멈추고 나면 괜히 짜증 나고 부럽고 좀 외롭기도 해.

-글로리, 14세

늘 포모에 시달린다

온라인에서 일어나는 일을 놓칠지도 모른다는 불안감에 늘 시달린다면, 너의 뇌가 해킹당했을 가능성이 높아.

흥분을 느끼지만 만족하지 못한다

뇌를 해킹당할 때에는 마치 슈거 러시(sugar rush, 당분 섭취로 순간적으로 에너지가 치솟는 듯한 느낌)와 비슷한 기분이 들어. 급격한 흥분 상태를 경험하지만, 흥분은 빠르게 잦아들고 불만족스러운 상태가 되는데, 때로는 불행한 느낌까지 들어.

현실의 삶이 따분하게 느껴진다

화면에서 '슈거 러시'와 비슷한 흥분을 더 많이 얻을수록 다른 것에서 흥분을 느끼기가 더 힘들어져. 그래서 화면에 더더욱 많은 시간을 쓰려고 하지.

시간 가는 줄 모르게 화면에 빠져 있다가 나중에 후회한다

많은 앱은 시간 가는 줄 모르게 사용하도록 설계돼 있어. 사람들이 앱에서 시간을 더 많이 보내야 테크 마법사들이 돈을 더 많이 벌기 때문이지. 게임에 그렇게 많은 레벨들을 포함시키고, SNS 피드를 무한히 계속되도록 설계한 이유는 이 때문이야.

학교가 끝나면 몇 시간이고 화면만 스크롤했어. 문득 고개를 들어 시계를 보면, 어느새 오후 6시가 돼 있었지! 그렇게 오랫동안 할 생각은 없었는데 말이야. 벌써 하루가 끝나다니, 기분이 정말 최악이었어.

-숀, 22세

봄 방학

LIVE 301
헐, 대박!
야, 미쳤다! 너 방금 하늘을 날았어!
점프를 좀 더 일찍 했어야지!
ㅎㅎ 넘어졌군
헐
너 괜찮아?

엄마, 나 공원까지 태워다 줄 수 있어요? 새로운 기술을 찍고 싶어요.
탁 탁
지금은 안 돼. 엄마 일이 아직 안 끝났어.

데이비드, 밥 먹으렴!
탁 탁 탁
나중에요. 배 안 고파요!
오예!
딩동!

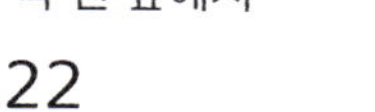

22

에마,
가서 둘러보지
않을래?
다 봤어요.
사진
찍었는걸요.
여보,
얘 좀 봐요.
아…
둘 다
똑같아!

그래,
더 필요한 것
없니?
아뇨, 됐어요.
충분해요.
고마워요,
아빠!
음, 이 폴은
저기에 연결해야 할
것 같은데?
텐트 완성!
불도
준비됐어!

Zz...
하하!
하하!

비밀 4
테크 마법사들은 우리 뇌를 재편한다

당신은 알아채지 못하겠지만, 당신은 프로그래밍되고 있습니다.

—차마스 팔리하피티야, 페이스북의 전 부사장

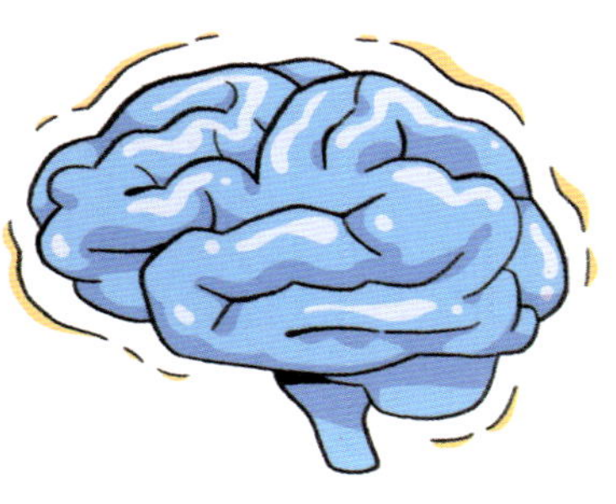

테크 마법사들이 우리가 절대로 몰랐으면 하는 비밀을 말해 줄게. **그들의 제품은 우리 뇌를 재편하고 있어.** 우리가 계속 반복해서 하는 것은 '무엇이건' 우리 뇌를 변화시키기 때문이야.

잘 생각해 봐. 만약 외국어 공부나 피아노 연습을 하루에 한 시간씩 일 년 동안 계속한다면, 일 년 뒤에는 실력이 크게 향상돼 있을 거야. 어떤 기술을 익히는 것처럼 무언가에 많은 시간을 들이면, 뇌세포들 사이에 새로운 연결들이 생겨나면서 그 기술을 더 발전시키고, 또 그 위에 보호막이 생기

꼭 기억해: 만약 네가 십대라면, 지금 뇌가 스스로 재편되고 있어. 그것도 아주 빠른 속도로 일어나고 있어. 이렇게 급속한 재편은 다시는 일어나지 않을 거야. 그리고 이렇게 일어난 변화 중 많은 것은 어른이 되고 나서도 그대로 남아 있을 거야.

면서 연결들을 더 강하고 빠르게 만들어 주지.

이것은 썰매를 탈 때 일어나는 일과 비슷해. 언덕을 처음 내려갈 때에는 썰매가 비교적 느리게 내려가는데, 눈이 처음 쌓인 상태로 그대로 남아 있고 아직 길이 생기지 않았기 때문이지. 하지만 썰매를 몇 번 탄 뒤에는 눈이 단단히 다져지고 길이 더 반반해져 썰매가 쏜살같이 언덕을 내려가게 되지.

다시 말해서, 일상생활의 습관이 뇌를 변화시키는 거야. 그래서 저항아들은 다음 질문을 스스로에게 자주 던져.

나의 일상적인 습관이 내게 도움이 되는 방식으로 뇌를 재편하고 있는가? 아니면 테크 마법사들을 돕는 방식으로 뇌를 재편하고 있는가?

만약 어떤 습관이 테크 마법사들에게 도움이 된다는 사실을 알아채면, 저항아들은 그것을 자신을 돕는 습관으로 바꾸려고 해.

몸을 움직여서 뇌를 훈련시켜 봐

걷기, 각종 스포츠, 댄스 같은 활동은 뇌에 더 많은 혈액을 보내 줘. 그 결과, 뇌가 더 튼튼해지고 문제도 더 잘 풀리게 되지. 기분도 좋아지고 말이야. 반대로 스마트폰이나 컴퓨터 화면을 볼 때처럼 오랫동안 가만히 앉아 있는 건 몸과 뇌 모두에 아주 나빠.

되돌아보면, 스마트폰, SNS, 게임, 그 밖의 전자 기기에 쓴 그 모든 시간이 결국은 나의 뇌 발달을 방해한 것으로 보여.

-사이야, 16세

테크 마법사들은 우리의 주의 지속 시간을 단축시킨다

> 게임과 SNS에 너무 많은 시간을 쓰는 바람에 나는 생산성과 집중력이 크게 떨어졌어.
>
> -에즈라, 18세

우리 뇌는 원래 한눈을 파는 경향이 있어. 시험 공부나 숙제에 계속 집중하기 어려운 것도 이 때문이야. **원래 우리 뇌는 집중력을 오랫동안 유지하도록 설계돼 있지 않아.**

인류의 역사에서 대부분의 기간에 한눈을 파는 것은 우리에게 '좋은' 일이었는데, 주변 환경에서 주의를 분산시키는 요소는 위험 신호일 가능성이 높았기 때문이야.(예컨대 덤불이 부스럭거리는 소리는 단순히 바람이 불어서 날 수도 있지만, 그 뒤에 굶주린 사자가 숨어 있을 수도 있어.)

하지만 오늘날에는 주의를 분산시키는 요소는 대부분 위험이 아니야. 그것들은 그냥 주의를 분산시키는 방해 요소일 뿐이야.(그중에는 자신들의 앱에 주의를 쏟게 하려고 테크 마법사들이 만든 것이 많아.) 이것은 문제가 될 수 있는데, 주의 분산이 더 자주 일어날수록 주의 분산은 더 쉽게 일어나기 때문이지. 그런 시간이 많아질수록 무엇에 집중하기가 더욱 힘들어지고, 조금이라도 지겨워지거나 어려워지면 주의를

분산시킬 대상을 찾게 돼.

> **이건 몰랐을걸?**
>
> 뭔가를 열심히 하다가 방해를 받으면, 다시 원래 집중 상태로 완전히 되돌아가는 데에만 약 25분이 걸릴 수 있어.

예컨대 **틱톡, 스냅챗 스포트라이트, 인스타그램 릴스, 유튜브 쇼츠**처럼 빠르게 움직이는 짧은 콘텐츠를 소비하느라 많은 시간을 보낸 적이 있다면 분명 이런 경험을 했을 거야. 보고 있는 영상이 조금이라도 지겹거나 느리다는 느낌이 들면, 다른 것을 보고 싶은 생각에 화면을 내리거나 옆으로 넘기고 싶은 충동 말이야. 이런 종류의 콘텐츠를 소비하느라 많은 시간을 보낸다면, 친구나 가족과 대화(숙제를 마치는 것은 말할 것도 없고)에 집중하기가 어려워져. 실제 사람들은(그리고 수학도!) 대개 틱톡 피드만큼 빠르게 움직이지 않고 재미있지도 않기 때문이지.

> 숏폼 콘텐츠가 내 마음을 완전히 엉망으로 만들었어.
>
> –샘, 17세

> 스마트폰을 처음 손에 넣고 난 뒤로는, 디지털 세계의 속도로 움직이지 않는 것은 무엇이건 참기가 어려워졌어. 현실 세계에서 일어나는 일들은 매우 따분하거나 괜히 짜증만 났어.
>
> –가브리엘라, 23세

주의 지속 시간을 늘리는 방법

SNS나 비디오 게임, 스마트폰 때문에 주의 지속 시간이 줄어든 느낌이 들더라도 크게 염려할 필요는 없어. **너희 뇌는 아직도 충분히 유연하니까!** 지금 당장 행동한다면, 그러한 변화를 되돌리고 뇌를 자신에게 유리한 방향으로 재편할 수 있어.

도움이 되는 방법을 하나 소개할게. 매일 일정한 시간(예컨대 아침에 일어난 직후나 침대에 누운 직후)에 두 눈을 감고 숨을 쉬는 횟수를 세어 봐.(한 번 들이쉬었다가 내쉬는 과정을 1회로 계산해.) 정신이 다른 데로 흘러가려고 하면(분명히 그럴 거야!), 마음을 다잡고 다시 세는 데 주의를 집중해. 주의를 다른 데로 돌리지 않고 스무 번까지 세려고 노력해 봐.

처음에는 잘되지 않더라도, 계속하다 보면 결국 스무 번까지 세는 데 성공할 거야. 이 훈련을 하면 할수록 주의 지속 시간이 더 길어질 거야.

> 숨을 네 번 쉰 뒤에 주의가 딴 데로 흘러가더라도, "어, 겨우 네 번밖에 못 했네."라고 실망하지 마. 주의가 딴 데로 흘러갔다는 사실을 알아채는 게 중요해. 그것만 해도 성공이야.
>
> —엘리자베스 잭, 마음 챙김 교사

스마트폰 없는 학교를 요구할 권리

스마트폰을 가진 미국 십대 청소년 중 대다수는 하루에 받는 알림이 230개 이상이나 돼. 그리고 그중 약 25%는 학교에 있을 때 울리지.

수업에 집중하고 학교에서 더 즐겁게 생활하고 싶다면, '스마트폰 없는 학교'를 요구해 봐. 진정한 스마트폰 없는 학교가 되려면 수업 시간과 점심시간, 쉬는 시간을 포함해 **1교시부터 하교 시간까지 스마트폰을**(그리고 스마트워치도) 학생들의 **손에 닿지 않는 곳**(가방이나 호주머니가 아니라 사물함이나 전용 가방에)**에 보관**해야 해. 그러면 학생들이 화면을 스크롤하는 대신에 서로 대화를 하고 어울릴 수 있어.(그리고 점심을 먹는 네 모습을 누가 몰래 촬영할까 봐 걱정할 일도 없지.)

상상해 봐. 교실에 들어갔는데 모든 친구가 수업에 완전히 집중하고, 서로 실제 대화를 나누고 있는 거야. 그리고 우리의 주의를 흩뜨리는 반짝이는 화면은 어디에도 없는 거야.

-클로에, 18세

테크 마법사들은 우리의 창의성을 갉아먹는다

테크 마법사는 자신들의 제품이 창의성을 높인다고 주장해. 예를 들면, 틱톡은 자신의 앱이 "창의성을 자극하도록" 만들어졌다고 주장하지.

하지만 '정말로' 창의적인 아이디어가 떠오르려면, **마음이 자유롭게 돌아다닐 수 있는 공간과 시간이 있어야 해.** 샤워를 하거나 스마트폰 없이 산책을 할 때 새로운 아이디어와 해결책이 떠오르는 경우가 많은 것은 이 때문이야. 그런데 스마트폰과 앱은 끊임없이 새로운 정보와 콘텐츠를 뇌에 가득 집어넣어서 나만의 독창적인 아이디어가 생겨날 정신적 공간을 없애 버려. 이 때문에 우리는 더 창의적이 되는 게 아니라 오히려 창의성이 줄어들 수 있어.

이건 몰랐을걸?

『옥스퍼드 영어 사전』을 만드는 사람들은 2024년에 '올해의 단어'로 '뇌 썩음(brain rot)'을 선정했어. 이것은 온라인의 쓰레기 콘텐츠에 반복적으로 노출되어 정신적 능력이 저하되는 상태를 말해. 이를 뇌가 '썩어' 간다고 비유적으로 표현한 거야.

따분한 것이 유익할 때도 있어

대다수 사람들과 마찬가지로 너도 따분한 게 싫을 거야. 그런데 믿기 힘들겠지만, **따분함이 창의성을 자극할 수 있어**. 왜냐고? 따분하면 유쾌하지 않기 때문에, 뇌는 따분함을 떨쳐낼 수 있다면 무엇이든 하려고 하는데, 그러다가 새로운 아이디어가 떠오를 수 있거든. 그런데 스마트폰은 따분함을 쫓아내는 기계와 같아. 손에 스마트폰을 들고 있으면 따분함을 느낄 기회가 없어. 그 결과로 뇌는 창의성을 발휘할 필요를 덜 느끼게 되지.

스마트폰 때문에 우리는 항상 자신에게서 벗어날 수 있어요.
하지만 자신의 머릿속에 들어갈 줄 모르면,
뭔가를 창조하는 법을 결코 배울 수 없지요.

— 린-마누엘 미란다, 뮤지컬 〈해밀턴〉 제작자, 〈모아나〉와 〈엔칸토〉 작곡가

테크 마법사들은 우리의 진짜 모습까지 바꾼다

테크 마법사들이 절대로 알려 주고 싶어 하지 않는 한 가지 비밀은, 하루에 몇 시간씩 그들의 앱을 사용하다 보면 우리가 근본적으로 변할 수 있다는 사실이야.

첫째, 설계된 중독성 앱은 광고로 돈을 버는데, 광고의 목적은 우

스크린 타임과 신체 변화

저항아들은 사람들이 스마트폰을 들여다보느라 쓰는 시간이 단지 뇌를 재편하는 데 그치지 않는다는 사실을 알아. **그것은 신체도 변화시켜.**

하루에 몇 시간씩 고개를 숙인 자세로 스마트폰이나 태블릿을 들여다보면, 자세가 망가지기 쉬워. 그 결과로 '거북목 증후군'이나 '스마트폰 엘보', '텍스트 엄지' 같은 고통스러운 증상이 생길 수 있어. 그리고 **화면을 보면서 많은 시간을 보내는 어린이는 안경을 써야 할 가능성이 높아.**

이렇게 해 봐!

다음번에 공공장소에 가거든, 스마트폰을 보느라 고개를 숙이고 있는 사람들을 살펴봐. 그들의 자세가 튼튼하고 젊고 건강해 보여? 아니면 나이 많은 노인의 모습이 떠올라?

리에게 '내면의' 진정한 자신을 잊어버리게 하는 거야. 그리고 오로지 우리에게 그 제품을 사게 하는 게 궁극적인 목적이지. 광고를 보는 데 혹은 인플루언서가 자신이 좋아하는 제품에 대해 이야기하는 것을 듣는 데 시간을 많이 쓴다면, **자신이 되고 싶어 하는 사람보다는 자신이 어떻게 보이고 무엇을 가지고 있느냐에 더 신경을 쓰게 돼**.

둘째, 영상과 게시물은 다른 사람의 생각과 의견을 우리 머릿속에 집어넣어. 그 사람은 개인적으로 나에 대해 알거나 관심을 가진 사람도 아니고, 더 많은 '좋아요'와 팔로워와 구독자를 얻는 데에만 관심이 있는 사람이야(그래야 더 많은 돈을 버니까). 이따금 게시물이나 영상을 몇 개만 보는 데 그친다면, 이것은 큰 문제가 되지 않아. 하지만 다른 사람들이 자신의 의견을 우리 뇌에 밀어넣도록 방치하면서 매일 몇 시간씩 보낸다면, **스스로 생각할 시간이나 공간이 남지 않게 돼**.

틱톡은 내 또래 친구들을 정의하고, 우리의 대화를 지시하고, 우리의 옷을 선택하고, 우리가 구매할 제품을 결정해.

-줄리엣, 17세

문득 이런 생각이 들곤 해. '이 모습이 진짜 나인가? 아니면 스마트폰이 나를 이렇게 만든 걸까?'

-브리스털, 15세

SNS나 스마트폰 사용 시기를 늦춘다면, 다른 사람들에게서 네가 어떤 사람이어야 한다는 말을 듣는 대신에 자신이 어떤 사람인지 스스로 결정할 수 있어.

-칼라, 22세

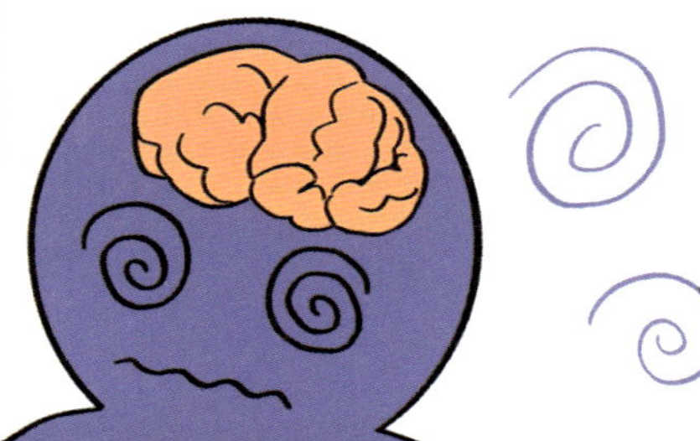

나 자신을 위해 뇌를 재편하는 방법

★ **집중력을 높이고 싶어?**

독서, 스포츠, 악기 연주, 전략 게임처럼 집중력이 필요한 활동을 많이 해 봐.

★ **창의성을 높이고 싶어?**

그림, 소설 쓰기, 만들기 등 상상력이 필요한 활동을 많이 해 봐.

★ **운동 신경이 좋아지길 원해?**

야구나 춤, 축구, 하이킹, 수영처럼 신체 활동이 많이 필요한 일을 해 봐.

★ **자신감을 키우고 싶어?**

고장 난 물건을 고치거나 처음 만난 사람에게 먼저 말을 거는 등 도전적인 일을 많이 해 봐.

댄스 축제

오늘 밤 주인공은 나야, 나!

자, 누가 맨 먼저 나갈래? 데이비드?

어…나는 이 노래 몰라.

나도 아는 노래 나올 때까지 기다릴래.

내가 춤 이상하게 추는 거 누가 찍어서 올리면 어쩌지?

em4ever 오늘 춤춘 거 진짜
재밌었어! 

35

비밀 5
테크 마법사들은 자신들의 제품이 아이들에게 해롭다는 사실을 알고 있다

테크 마법사들은 공개적으로는 제품을 더 안전하게 만들려고 노력한다고 말해. 예를 들면, 메타의 CEO는 자신의 SNS 계정에 "우리가 만드는 모든 것이 어린이에게 안전하고 좋은 것이어야 한다는 사실을 아주 중요하게 생각합니다."라는 글을 올렸어.

하지만 그들의 행동은 말과 일치하지 않는 경우가 많아. 정작 테크 마법사들은 '자신의' 자녀들을 보호하기 위해 자신들의 제품에 접근하지 못하게 해. 반면에 **'다른' 사람들의 자녀를 보호하기 위해 제품에서 뭔가를 바꾸라고 요구하면, 그들은 아주 거세게 저항하면서 맞서 싸워**. 예를 들어 2024년에 미국에서 국회의원들이 아동과 청소년을 보호하기 위해 제품에 더 많은 안전장치를 추가하라고 요구하는 법안을 제출하자, 테크 회사들은 그 법안을 무력화시키기 위해 5000만 달러 이상을 썼어.

이것은 정말 화가 나는 일인데, 지난 몇 년 사이에 **이 제품들이 수백만 명의 아동과 십대 청소년에게 미치는 해악**을 논의한 비밀 연구 문서와 개인 이메일이 유출되었기 때문이지.

예를 들면, 다음과 같은 내용이 있어.

- 인스타그램의 한 문서는 **"우리 앱 때문에 외모에 대한 강박과 심리적 고통이 더 악화되는 십대 여자아이는 세 명 중 한 명에 이른다."**라고 실토했어.
- 인스타그램의 또 다른 비밀 문서에는 이렇게 적혀 있어. **"십대들은 [인스타그램에] 쓰는 많은 시간이 마음에 들지 않는다고 말한다.** … 이들은 '중독됐다'는 느낌을 자주 받으며, 앱에서 보는 것이 자신들의 정신 건강에 나쁘다는 사실을 알지만, 스스로 멈출 수가 없다고 느낀다."
- 틱톡의 비밀 연구에 따르면, **매일 틱톡을 많이 사용하는 사람은 틱톡을 덜 사용하는 사람에 비해 불안을 더 많이 자주 느낀다는 사실이 밝혀졌어.** 그리고 어떤 것에 대해 깊이 생각하거나 무언가를 기억하거나 깊은 대화를 나누거나 남들과 공감하는 데 어려움을 겪는다고 해.
- 로블록스를 상대로 제기된 소송에서 로블록스의 한 직원은 다음과 같이 말했다고 해. "우리는 마땅히 사용자의 안전을 보장해야 하지만, 그 때문에 사용자의 참여를 제한하면 회사의 성과 지표가 나빠집니다. 즉, 활동 사용자 수와 플랫폼에서 보내는 시간이 감소하게 되는데, 경영진이 그것을 원치 않는 경우가 많습니다." 도대체 무슨 말이냐고? 로블록스는 사용자를 보호하고 배려해야

한다는 사실을 아주 잘 알고 있지만, 경영진은 사용자인 어린이들이 그 플랫폼에서 시간을 덜 쓰게 만드는 변화를 원치 않는다는 뜻이야.

테크 마법사들은 불량 학생과 범죄자가 자신들의 플랫폼을 악용한다는 사실도 알고 있어.

- 그들은 불량 학생들이 SNS 앱을 사용해 반 친구들을 괴롭힌다는 사실을 알고 있어.
- 그들은 자신들의 플랫폼에서 마약상이 십대에게 마약을 판다는 사실을 알고 있어. 유통되는 약물 중에는 위험한 물질이 섞인 가짜 약도 있으며, 그 때문에 사망한 미국의 십대 청소년이 수천 명이나 돼.

> 내가 SNS에 올린 게시물 때문에 같은 학년의 남자아이들에게 괴롭힘을 당했어. 그때 잃어버린 자신감을 지금까지도 회복하지 못하고 있어.
>
> -켄덜, 22세

- 그들은 온라인에서 많은 성인 남자가 멋진 또래 친구인 척 행세하면서 아동이나 십대 청소년에게 접근한 뒤, 남에게 절대 보여 주면 안 되는 모습을 촬영해 보내도록 유도한다는 사실을 알고 있어. 아이들이 꼬드김에 넘어가 일단 사진을

> 인터넷에서 네게 접근하는 낯선 사람들이 늘 좋은 의도를 갖고 있는 건 아니야.
>
> -앤턴, 18세

보내고 나면, 그 즉시 남자는 돌변해 돈을 주지 않으면 그 사진을 가족과 친구에게 보내겠다고 협박하기 시작해.(온라인에서 이런 위험한 사람을 피하는 방법을 알고 싶으면 178쪽을 참고해.)

이건 몰랐을걸?

메타의 한 직원이 동료에게 아동을 나쁜 사람들로부터 보호하기 위해 회사가 어떤 조치를 취하고 있느냐고 묻자, 동료는 "아동의 안전은 이번 반기(6개월 동안)의 명시적인 목표가 아니야."라고 답했다고 해. 이 말이 무슨 뜻이냐고? "우리는 아동을 보호하려는 노력을 전혀 하지 않아."라는 말을 에둘러 한 거야.

'빅 테크'와 '거대 담배 회사'는 뭐가 다르지?

오랜 세월 동안 비밀을 숨기고 거짓말을 하면서 십대들을 중독시키려고 노력한 산업 분야가 또 하나 있어. 담배와 전자 담배처럼 니코틴을 포함한 제품들을 판매하는 회사들이야. 이들을 '거대 담배 회사'라는 뜻으로 '**빅 터배코**(Big Tobacco)'라고 부르는데, 마찬가지로 가장 큰 테크 회사들을 '**빅 테크**(Big Tech)'라고 부르지.

담배 회사들은 어린이와 청소년을 중독시키려고 수십 년 동안 노력했어. 담배가 암과 여러 가지 질환을 일으킨다는 사실을 알면서도 말이야. 믿기 힘들겠지만, **담배 회사들은 TV 만화 프로그램에 담배 광고를 내보냈고, 학교와 놀이터 근처에서 담배를 공짜로 나눠 주기까지 했어!**

테크 회사들도 비슷한 일을 했어. 그들은 메신저 키즈와 유튜브 키즈처럼 어린이를 겨냥한 앱을 만들었어. 구글 클래스룸 같은 교육용 제품을 공짜로 학교에 제공하기까지 했지.(어릴 때 계정을 갖게 하면, 커서도 같은 앱을 계속 사용할 가능성이 높거든.) 그리고 지금은 학교나 심지어 유치원에서도 AI(인공 지능)를 사용하게 하려고 애쓰고 있어. 유출된 문서에 따르면, 메타의 테크 마법사들은 더 많은 아이들을 메신저 키즈에 가입시키기 위해 아이들 간 놀이 약속을 어떻게 이용하면 좋을지 알아내려고 한 적도 있대.

> SNS를 그렇게 끊기 힘들었던 건 그저 친구들과 함께 어울리고 싶었기 때문이야…. 나 혼자 소외된다는 느낌이 싫었거든.
>
> –알렉시스, 20세

게다가 담배 회사들처럼 **일부 SNS 회사들은 학생들을 가입시켜 그들이 '학교에서 함께 지내는 동안' SNS 앱을 사용하게 하려고 노력했어**. 십대 청소년을 자신들의 앱에 가입시키는 최선의 방법은 포모를 느끼게 하는 것이란 사실을 잘 '알고' 있었기 때문이지.

> **한 학교에서 아주 빠르게, 예를 들어 방과 후 단 몇 시간 만에 많은 아이들이 앱을 사용하게 만드는 것이 매우 중요합니다.**
>
> — 인스타그램에서 유출된 비밀 문서

담배 회사들은 결국 자신들의 제품이 위험하다는 사실을 알았으며, 고의로 거짓말을 했고, 십대 어린이와 청소년을 중독시키려 했다고 인정하지 않을 수 없었지. 그들은 거액의 벌금을 물어야 했고, 어린이를 표적으로 삼아 광고나 영업을 하는 행위를 금지하는 새로운 법들이 만들어졌어.

그러면 문득 이런 생각이 들 거야. **테크 회사들도 언젠가 이와 비슷하게 잘못을 인정할까?**

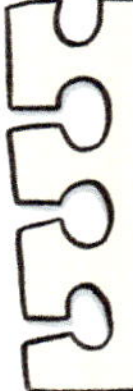

사실 테크 마법사들이야말로 우리가 절실히 필요하다

테크 마법사들은 너와 네 친구들이 자신들의 앱과 전자 기기가 '필요'하다고 생각하길 원해. 그들은 이 생각이 옳다고 사람들을 설득하는 데 성공했어. 그래서 너희보다 윗세대 사람들은 거의 다 십대가 되었을 때 스마트폰과 SNS 계정을 가져야 한다고 생각했지.

하지만 가장 큰 비밀은 따로 있어. **테크 마법사들이야말로 우리가 절실히 필요해.**

잘 생각해 봐. 테크 마법사들은 사람들이 그들의 앱과 기기를 사용하느라 시간을 많이 써야만 돈을 벌 수 있어. **만약 사람들이 그들의 앱과 기기 사용에 시간을 덜 쓴다면, 테크 마법사들은 많은 돈을 잃게 될 거야.**

그래서 테크 마법사들은 이 비밀을 숨기려고 애를 써. 만약 너와 네 친구들이 이 비밀을 알고서 그들이 만든 것을 사용하지 않기로 결심한다면, **그들의 사업은 망할 수도 있어.**

진실은 무엇인가?

테크 마법사들이 뭐라고 말하건 간에, **그들은 너희를 소중한 '사람'으로 대하지 않아. 그저 하나의 '제품'으로 생각해.** 그들은 너희의 시간과 주의를 최대한 짜내고, 너희의 뇌와 행동을 프로그래밍해 그들의 진짜 고객에게 더 비싸게 팔리는 존재로 바꾸려고 노력하지. 그들의 진짜 고객은 바로 광고비를 지급하는 회사들이야.

> 우리는 왜 십대 초반 어린이들에게 관심을 가져야 할까요? 그들은 돈이 되지만 아직 개척되지 않은 이용자 층이기 때문입니다.
>
> —페이스북의 내부 발표에서 나온 말

이 말은 그들의 목표가 너희가 원하는 것과 정반대라는 뜻이야.

★ **테크 마법사들은 너희가 현실 세계의 많은 것에 관심을 가지길 원치 않아.** 만약 그렇게 된다면, 그들의 게임을 하거나 그들

의 앱에서 스크롤하는 시간이 크게 줄어들기 때문이지.

- **그들은 너희가 친구들과 직접 만나 재미있게 노는 걸 원치 않아.** 대신에 온라인 커뮤니티에서 시간을 보내길 원해.
- **그들은 너희의 집중력이 강해지는 걸 원치 않아.** 주의 지속 시간이 짧아질수록 앱과 알림이 너희의 주의를 흩뜨리기가 더 쉽기 때문이지.
- **그들은 얼마나 많은 윗세대 사람들이 스마트폰과 SNS 계정을 너무 일찍 가진 것을 후회하는지 너희가 알길 원치 않아.** 만약 그 사실을 안다면, 스마트폰과 SNS 계정을 가지려 하지 않을 테니까 말이야.

무엇보다도 **그들은 너희가 스스로 생각하길 원치 않아.**

너희가 스스로 생각한다면, **저항아가 되어 반격에 나서기로** 마음먹을지도 모르니까 말이야.

4월
과학 축제에 출품할 작품 주제를 뭐로 하지?
너네는 생물 과목을 좋아하잖아?
그러니 동물에 관한 주제가 어떨까?

오, 그래! 동물 행동을 관찰하는 것도 좋겠어.
어떤 동물? 새? 아니면 다른 동물?

쿵!

오, 저런!

그래, 좋은 게 생각났어!

금요일 무렵
이번 주말에는 이렇게 하고…
…듣고 있니?

과제 때문에 그런데 네 폰 스크린 타임 좀 봐도 돼?
잠깐이면 돼.
응, 그래.

넌
띠리링!
알림을 한 시간에
딩동!
몇 개나 받니?
삐삐!
딩동!
딩동!
평균적으로 말이야.
부르르!

탁탁
탁탁

너네 이번 발표 진짜 맘에 들걸?

수요일 오후 3시 5분
알렉스
방금 새 영상 업로드 완료!
데이비드
오 영상 완전 잘 뽑혔는데?
에마
과학 축제 아이디어 받아요!!
아무거나 좋으니까 제발 추천 좀!
수요일 오후 5시 36분
뭐야 다들 자?

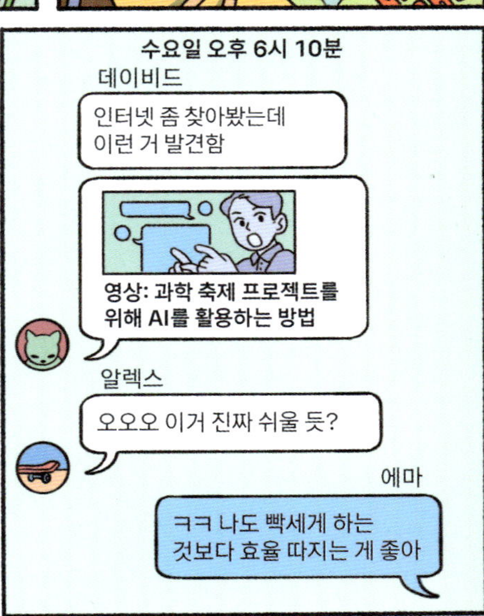
수요일 오후 6시 10분
데이비드
인터넷 좀 찾아봤는데
이런 거 발견함
영상: 과학 축제 프로젝트를
위해 AI를 활용하는 방법
알렉스
오오오 이거 진짜 쉬울 듯?
에마
ㅋㅋ 나도 빡세게 하는
것보다 효율 따지는 게 좋아

바로 오늘!
과학 축제
저희가 세운 가설은
테크 회사들이 우리를 조종해 스마트폰을 쓰게 만든다는 거예요. 실제로는 아이들을 불행하게 만드는데도 말이죠.
누가 승자인가?
어린이 대 테크 회사
약 50%가
우리가 스마트폰을 쓰면 쓸수록 테크 회사들은 돈을 더 많이 벌어요.
그래서 많은 앱들이 우리를 계속 붙잡아 두려고 중독성 있게 만들어지는데, 특히 SNS가 정말 심해요!
18~27세 사람들 중
약 50%가
틱톡과 스냅챗, X가
애초에 발명되지 않았더라면
좋았을 거라고 말한다!
SNS 회사들은 담배 회사들처럼 어린이들을 중독시키려고 수단과 방법을 가리지 않아요!
15~17세 청소년 중 절반 이상은 거의 24시간 내내 온라인에 접속해 있다고 대답해요.

이런 '시간 도둑' 앱에서
사용자가 보내는 1분 1초가
이 회사들에는 다 돈이에요.
하지만 사용자는
아무 보상도 받지
못해요!
자유 시간을 어떻게
보내길 원하나요?
테크 회사에
돈 벌어다 주기?
너만의 재미를
선택해
VS
아니면… 독서나
하이킹? 친구들과
함께 어울리기?
평균적인 십대 청소년의
하루 스크린 타임은
8시간 이상입니다.
그나마
학교 수업이나
숙제에 쓴 시간은
뺀 거예요!
1년으로 따지면
무려 4개월
이나 돼요.
인생의 3분의
1을 온라인에
바치는 거예요!
1년 동안 온라인에서
보내는 시간
하루에 4시간=1년에 60일
하루에 6시간=1년에 90일
하루에 8시간=1년에 120일
하루에 10시간=1년에 150일
스크린 타임이
이렇게 많으면
그 사람의 뇌도 변해요.
그것도 자신이
원치 않는
방향으로요.
그 결과, 다른
일에서 성공하기가
더 어려워질 수 있어요!

십대들의
하루 알림 개수,
무려 230개 이상!
예를 들면 끊임없이 울리는 알림 신호는
우리 뇌가 주의를 집중하거나 어떤 것을 기억하는 걸 어렵게 만들어요.
딩동!
그리고 십대 때 SNS를 오래 하면 할수록, 불안함이나 우울함을 느낄 확률이 훨씬 높아진대요.
뇌 보호 가이드
스마트폰
고등학교 들어가서 시작한다.
SNS
16세에 시작한다.
게다가 온라인에서 본 사람들을 따라 하려고 애쓰다 보면,
진정한 '나 자신'을 찾을 기회를 놓칠 수도 있어요.
결국 선택은 우리의 몫이에요.
자신의 인생을 평생 테크 회사에 바치며 살고 싶은가요?
아니면 나를 위한 인생을 살고 싶은가요?
그래서 이 프로젝트가 주장하는 건 뭐야?
과학은, 테크는 과연 공정한가?
어, 과학 아닐까요?

설레는 시작,
열매를 맺는 새학기!!
야외 활동 동아리
폰을 덜 하면 재미는 커지고
재미가 커질수록 폰은 더 멀어지고

3부
저항아가
되는 방법
너만의 재미를
선택해
대중을 따르지 않아야 나만의 독특함과 독립성을 지킬 수 있어.
-소이야, 16세
저항아가 되는 방법

자, 네 생각은 어때? 그래도 테크 마법사들을 따르고 싶어?

아니면 저항아가 되어 자신의 길을 선택하고 싶어?

저항아는 개성과 행동 방식이 저마다 달라. 하지만 그들은 모두 두 가지 원칙을 지키며 살아가고 있어. 저항아의 행동 수칙이 바로 그것이야.

저항아의 행동 수칙

- **기술을 도구로 사용하라. 기술이 나를 사용하게 하지 마라.**
- **자신의 삶을 진짜 우정과 자유와 재미로 채우라.**

자, 그러면 저항아들이 이 행동 수칙을 어떻게 실천하는지 살펴보자.

기술을 도구로 사용하는 방법

저항아는 자신의 뇌를 보호한다

저항아는 테크 마법사들에게 뇌를 해킹당하지 않는 방법을 알아. '가장' 효율적인 방법은 문제가 많은 그들의 제품을 사용하지 않는 것이야. 특히 뇌가 가장 변하기 쉽고 취약한 상태에 있는 시기에는 그러는 게 좋아.

많은 저항아가 '적어도' 고등학생이 되기 전까지는 스마트폰을 가지려 하지 않고, '적어도' 16세가 되기 전까지는 SNS 계정을 가지려 하지 않는 이유가 바로 이거야. 이미 SNS 계정을 가지고 있다면, 저항아

> **저항아의 조언**
>
> ★ '적어도' 고등학생이 되기 전까지는 스마트폰을 갖지 마.
>
> ★ '적어도' 16세가 되기 전까지는 SNS 계정을 갖지 마.
>
> (이보다 시기를 늦출 수 있다면 더욱 좋아.)

는 그것을 삭제하거나 비활성화하기도 해. 또, 고등학교에 들어가기 전에 이미 스마트폰을 갖고 있다면, 그것을 더 단순한 휴대폰으로 교체하기도 하지.

사용자의 뇌에 접근할 방법이 없다면, 테크 마법사도 우리의 뇌를 재편할 수 없겠지?

스마트폰을 더 늦게 가졌더라면, 그리고 진짜 나로 더 오래 살았더라면 좋았을 텐데.

–브리스털, 15세

스마트폰

고등학생이 되기 전까지 스마트폰을 갖지 않는 것은 어려워 보일 수 있어. 물론 실제로도 어려울 수 있어. 많은 친구들이 스마트폰을 갖고 있다면 더더욱 어렵겠지. 하지만 너희 또래의 저항아들은 자신의 뇌가 지금 아주 빨리 변하는 시기에 있다는 사실을 알고 있어. 그래서 자기 인생에서 **지금이 스마트폰을 가지기에 가장 나쁜 시기라는 것도 잘 알지.**

나는 중학생 때 특별한 휴대폰을 사용했어. 보통 스마트폰의 기능은 다 있었지만, 다만 SNS를 다운로드할 수 없는 휴대폰이었지. 그 덕분에 나는 중학교 생활을 훨씬 알차게 즐길 수 있었다고 생각해.

–소피아, 15세

폰이 아예 없는 저항아도 있어. 스스로 선택해서 그럴 수도 있고, 부모님이 허락하지 않아 그럴 수도 있어. 또, 끊임없는 알림과 무제한 인터넷, 설계된 중독성 앱이 탑재된 **스마트폰만 피하는 저항아도 있어.**

이들 저항아는 스마트폰 대신에 피처폰 같은 **기본 휴대폰**

이나 **스마트폰 대체 기기**를 사용하는데, 이것들은 대개 통화와 문자 메시지 기능만 있지.

스마트폰을 끊은 지 약 2주 만에 남들이 나를 어떻게 볼까 불안해하는 마음이 싹 사라졌어.

-숀, 22세

선택할 수 있는 기본 휴대폰은 아주 다양한데, 많은 것은 스마트폰처럼 생겼어(하지만 가격이 훨씬 싸). 이 휴대폰들은 종류에 따라 기능이 조금씩 다른데, 대개 음악 재생 앱이나 지도 앱 같은 도구 앱은 사용할 수 있어. 하지만 무제한 접근이 가능한 인터넷 브라우저나 SNS·동영상·게임 앱을 다운로드하는 기능이 없기 때문에, 테크 마법사가 우리 뇌에 접근할 방법이 없어. 다시 말해서, 이 휴대폰들은 중독을 일으키는 장난감이 아니라 필요한 때에 도구로 사용하도록 설계되었어.

저항군 인터뷰

마이크 소렐

15세, 텍사스주

어떤 전자 기기를 갖고 있나요?

공부할 때와 메시지를 주고받을 때 쓰는 컴퓨터요. 스마트폰은 없어요.

스마트폰을 갖고 싶지 않나요?

솔직히 갖고 싶긴 해요. 하지만 아직 이르다고 생각해요. 만약 스마트폰이 있으면, 내 자유 시간 중 많은 시간을 빼앗길 테니까요.

스마트폰을 갖기에 적절한 시기가 언제라고 생각하나요?

고 1~2학년이 될 때까지 기다려야 한다고 생각해요. 뇌가 발달하는 데에는 많은 시간이 필요하니까요.

스마트폰을 가진 친구를 만나면 어떤 일이 일어나나요?

함께 놀다가 잠깐이라도 조용해지면, 친구들은 스마트폰을 꺼내 스크롤을 하기 시작해요.

포모를 느끼지 않나요?

글쎄요. 딱히 나는 다른 사람들이 온라인에서 무슨 일을 하든 신경 쓰지 않아요. 그냥 밖으로 나가 내가 하고 싶은 걸 해요. 모두가 신경 쓰는 일에 전혀 관심이 없는 사람으로 보이는 게 한편으로 기분이 좋기도 해요.

외로움을 느끼진 않나요?

전혀요. 나는 멋진 친구들과 가족이 있어요. 그저 스마트폰만 없을 뿐이죠.

SNS

저항아들은 SNS **계정을 개설하는 것은 마법사에게 자신의 뇌에 접근하는 열쇠를 건네주는 것과 같다**는 사실을 잘 알아. 그것은 자신에 대해 어떻게 느낄지, 시간을 어떻게 보낼지에 대한 선택권을 마법사에게 넘겨주는 것과 같아. 즉, 네가 아니라 그들을 위해 자신의 뇌를 재편할 기회를 주는 거야.

앱을 사용하지 않는 것이 테크 회사들에 맞서 싸우는 가장 좋은 방법이라고 생각해.

-케일리, 21세

예를 들면, SNS 앱은 너 자신을 다른 사람들(너하고 상관없는 사람들을 포함해)**과 비교하도록 부추겨**. 그래서 SNS를 하다 보면 자신의 외모나 삶이 남보다 뒤처진다는 느낌이 들기 쉬워. 사람들이 편집 툴을 사용해 외모를 바꾸고, 자신의 삶을 실제보다 더 멋져 보이게 하는 사진들을 고르고, 심지어는 완전히 조작된 모습을 보여 준다는 사실을 알더라도 말이야.

과거의 내게 SNS 좀 그만하고 밖에 나가서 좋은 추억을 만들라고 말해 주고 싶어.

-타리크, 18세

또 SNS는 다른 사람들의 관심을 끄는 일을 일부러 하거나 혹은 그런 일을 하는 것처럼 조장하게 만들기도 해.

저항아들은 친구들과 소통하고 함께 즐겁게 지내는 데 SNS가 '필요 없다'는 사실을 잘 알아. 그래서 **SNS 앱을 사용하지 않아**.

이건 몰랐을걸?

미국에서 SNS 회사가 부모의 동의 없이 만 13세 미만 어린이의 계정을 허용하는 건 불법이야!

들어올 때만 해도 분명히 기분이 좋았는데, 인스타를 조금 보다 보면 어느새 우울해져.

–에바, 17세

특히 SNS를 하다 보면 비참한 기분이 들 때가 많아. 친구들 사진을 보면서 나는 참 따분하게 사는구나 하는 느낌이 들었거든.

–매슈, 19세

한 특별한 순간이 SNS 계정을 삭제하기로 결정을 내리는 계기가 되었어. 학교 라운지에 서 있는데, 내 앞에는 내가 다섯 살 때부터 알고 지낸 친구가 있었어. 잠깐 어색한 침묵이 흐르는 순간, 나는 말을 거는 대신에 스마트폰으로 손을 뻗었어. 그 순간, 나는 내 몸속에 SNS에 대한 갈망이 흘러넘치는 걸 생생히 느꼈어. 내가 통제할 수 없는 충동이었지. 며칠 뒤, 나는 모든 계정을 삭제했어.

–케이트, 24세

사람들이 나보고 "너 진짜 SNS 아예 안 해?" 이러면서 엄청 놀라거든? 내가 그렇다고 하면 잠깐 정적이 흐르는데, 생각보다 나를 이상하게 보는 게 아니라 "우와, 나도 너처럼 안 할 수 있으면 좋겠다." 라고 말하더라고.

–벤, 22세

SNS 계정을 갖고 있는데, 그것을 비활성화하거나 계정을 없애고 싶은 생각이 없다고? 그렇다면 184쪽을 읽어 봐.

저항군 인터뷰

가브리엘라 응우옌

23세, 캘리포니아주

앱스티넌스(appstinence, 앱 절제) 운동 창립자

'앱스티넌스'는 무슨 뜻인가요?

SNS 계정을 갖지 않고, 주로 통화와 문자 메시지를 통해 사람들과 직접 소통하는 것을 말해요.

SNS 계정을 없앤 이유는?

학교 가기 전부터 수업 시간 내내, 그리고 방과 후까지 SNS 플랫폼에서 매일 몇 시간씩 보냈어요. 다른 일을 해야 할 때도요. 가족과 시간을 보내고, 운동을 하고, 숙제를 하는 등 하고 싶고 해야 하는 일이 많았는데도 말이죠.

그런데 무슨 일이 일어난 거죠?

SNS 사용 시간을 줄이고 좀 쉬려고 해도, 아무 소용이 없었어요. 하지만 일단 SNS를 완전히 끊고 나자, 내가 그토록 원했던 평화를 되찾았어요. 사람들과 관계도 훨씬 좋아졌고요. 그들을 위해 쓸 시간과 에너지가 많아졌거든요.

SNS 계정이 없으면 새로운 사람을 만나기 어렵지 않나요?

사람들은 흔히 내 인스타그램이나 틱톡, 스냅챗 계정을 물어요. 그러면 "미안, 나는 그런 걸 쓰지 않아. 대신에 전화번호를 줄게."라고 말해요.

그러면 상대방은 어떻게 반응해요?

보통은 "정말? 대단해!"라고 말해요. 가끔 "나도 그랬으면 좋겠어."라고 말하기도 해요. 그러면 "너도 할 수 있어."라고 말해 줘요.

저항아의 조언

스마트폰이나 SNS 계정을 사용하지 않기로 선택함으로써 테크 마법사에게 대항하길 원하는 친구가 단 한 명이라도 있다면, 아주 큰 힘이 될 거야. 하지만 **처음에 동조하는 사람이 아무도 없더라도 실망하지 마.** 네가 앞장을 서면, 뒤를 따르는 사람들이 생길 거야.

만약 네게 스마트폰이 없다면, 그것 역시 친구들이 테크 회사들에 맞서 싸우는 데 도움을 주는 거야.

–샘, 17세

사람들은 우리가 생각하는 것만큼 스마트폰을 많이 사용하길 원치 않아.

–애럴린, 18세

따분한 조언처럼 들릴 수 있지만, 부모님께 보호를 요청하고 받아들여. 나중에 분명히 부모님께 고마워할 거야.

–케이트, 24세

유용한 팁:
부모님 핑계를 대라

스마트폰이나 SNS 계정을 갖지 않기로 결심했는데, 친구들이 어떤 반응을 보일지 걱정될 수 있어. 이럴 때 한 가지 방법은 '부모님 핑계'를 대는 거야. 부모님께 "엄마 아빠가 허락하지 않아서 스마트폰도 없고 SNS도 못 해."라고 친구들한테 말해도 되느냐고 부탁해 봐.

저항아들이 연결을 유지하는 방법

테크 마법사들의 교활한 수법 한 가지는 사람들에게 스마트폰과 SNS 앱이 없으면 외톨이가 될 거라는 생각이 들게 만드는 거야. 하지만 저항아들은 스마트폰과 SNS가 실제로는 사람들에게 '외로움을 더 심하게' 느끼게 만든다는 사실을 알고 있어. 그래서 저항아들은 친구들과 연결을 유지하는 전략을 많이 생각해 냈지.

> 예전에는 스마트폰이 사람들을 연결해 주는 한 가지 방법이라고 생각했어. 하지만 지금은 스마트폰이 급한 일로 연락하는 데 쓰이는 경우는 5%에 불과하고, 나머지 95%는 유독한 감정을 유발하기만 한다고 생각해.
>
> -칼라, 22세

- 기회가 있을 때마다 **저항아들은 서로 직접 만나**. 이것은 함께 가장 즐겁게 놀 수 있는 방법이야.
- 친구들과 직접 만날 수 없을 때, 저항아들은 기본 휴대폰이나 컴퓨터, 부모님 스마트폰, 집의 일반 전화를 사용해 서로 **통화를 해**. 엄지로 대화를 타자하는 것보다 직접 통화를 하는 편이 훨씬 즐겁고, 친밀감도 훨씬 높아져.(또, 목소리를 직접 들으면 상대방의 감정을 읽기가 훨씬 쉬워.)

  ▶ **유용한 팁**: 만약 집에 일반 전화가 없다면, 부모님을 설득해

일반 전화를 설치하도록 해. 일반 전화를 설치하는 데 대단한 작업이 필요한 건 아니야. 음성 인터넷 프로토콜(VoIP, Voice over Internet Protocol)을 사용해 인터넷으로 통화를 하는 전화도 있어. 설령 부모님이 네가 기본 휴대폰조차 사용하기에 너무 어리다고 말하더라도, 일반 전화는 승낙할 거야. 그것은 부모님도(그리고 어쩌면 조부모님도) 어릴 때 사용하던 거니까.(만약 부모님이 승낙하지 않는다면, 친구에게 연락할 때 부모님 스마트폰을 사용해도 되느냐고 물어봐.)

- **영상 통화**도 괜찮을 수 있어. 통화를 하는 자신의 모습에 너무 신경이 쓰이지 않는다면 말이야.(신경이 쓰인다면, 일반 통화로 돌아가면 돼.)

★ 짧게 전달해야 할 메시지가 있으면, **문자 메시지**가 훌륭한 세 번째 선택지가 될 수 있어. 하지만 저항아는 전화에 내장된 메시지 앱이나 컴퓨터를 사용하지, SNS를 사용하지 않아. 그리

고 문자 메시지가 너무 많이 오가기 시작하면, 문자 메시지를 중단하고 일반 통화로 전환하지. 문자 메시지 내용이 스크린샷으로 캡처되어 다른 사람들에게 공유될 수 있다는 사실을 잘 알거든.

- **유용한 팁**: 스마트폰을 사용하는 친구들과 연락을 유지하면서 그들과의 놀이 약속에서 배제되는 것을 피하려면, **친구들에게 자신이 SNS로 소통하지 않는다는 사실을 알리도록 해**. 그러니 연락을 할 때에는 전화 통화나 일반 문자(SMS)를 사용해 달라고 부탁해.

이렇게 해 봐!

아주 오래된 연락 방식인 종이 '엽서나 편지'를 친구나 아는 사람에게 보내 봐. 문자 메시지 대신에 실제 편지를 주고받는 게 얼마나 재미있는지 알면 깜짝 놀랄 거야. 게다가 예전에 받은 편지들을 다시 꺼내 읽는 것이 예전 메시지들을 손가락으로 스크롤하며 넘겨 보는 것보다 훨씬 재미있어.

이렇게 해 봐!

부모님이나 할아버지 할머니께 어릴 때 펜팔을 한 적이 있느냐고 물어봐. 혹시 아직도 그런 편지를 갖고 있다면, 좀 보여 달라고 해 봐.

나는 스케이트보드를 타면서 많은 친구를 만났어. 처음 갔을 때에는 모두가 문자 메시지를 주고받거나 스냅챗으로 모든 소통을 했어. 하지만 나는 문자 메시지 대신에 모두에게 전화를 하기 시작했지. 그러자 사람들은 질질 늘어지는 스냅챗 대화를 4시간 하는 대신에 직접 통화를 하는 편이 계획을 세우는 데 훨씬 빠르다는 사실을 알아챘어. 결국 모두가 서로 통화를 하기 시작했고, 문자 메시지나 SNS를 사용해 소통하는 사람은 싹 사라졌어.

-숀, 22세

저항군 인터뷰

숀 킬링스워스
22세, 플로리다주
리커넥트(reconnect) 운동의 창립자

'리커넥트'가 뭔가요?

사람들이 스마트폰 없이 직접 만나 여러 활동을 하는 모임 네트워크예요.

리커넥트 모임에 참석한 사람들은 무슨 일을 하나요?

때로는 하이킹을 간다든지 하는 계획이 있지만, 대개는 그저 함께 어울려 시간을 보내요. 특정 행사나 활동을 위해 모이는 게 아니거든요. 사람들이 함께 모여 대화하고 웃고 나다움을 느끼는 공간을 만드는 게 중요하지요.

사람들이 스마트폰을 사용하지 않으면 어떤 일이 일어나나요?

분위기가 확 바뀌지요. 대화가 훨씬 원활하게 돌아가고, 사람들도 긴장을 풀고 마음이 편해져요. 모든 것이 훨씬 즐거워지지요.

저항군이 되고 나서 얻은 게 있다면 무엇인가요?

깊고 의미 있는 우정을 만드는 능력, 인생에서 즐거움을 찾는 능력, 나 자신보다 더 큰 것에 기여할 수 있는 기회 등이 있지요.

저항군이 되고 싶은 사람에게 하고 싶은 조언이 있다면?

다른 사람처럼 스마트폰에 매여 인생을 살아가고 싶은가요? 아니면 진짜 '모험'을 실제로 경험하면서 인생을 즐기고 싶은가요? 내 말을 믿어 보세요. 현실 세계의 연결과 흥분과 즐거움을 맛본다면, 절대 이전 삶으로 돌아가고 싶지 않을 거예요.

저항아가 포모에 대처하는 방법

스마트폰이나 SNS 계정이 없으면, 자기만 소외되지 않을까 하는 두려움이 생길 수 있어. **테크 마법사는 바로 이 점을 노리고 제품과 앱을 설계하지.**

> 스마트폰을 내려놓으면서 비로소 진짜 삶을 산다는 느낌이 확 왔어.
>
> -소피아, 21세

하지만 온라인에서 일어나는 일을 놓치는 것이 반드시 나쁜 것만은 아니야. 예를 들어 스마트폰이나 SNS 계정이 없으면, 온라인에서 벌어지는 분쟁에 휘말리거나 사이버 폭력을 당할 위험을 피할 수 있어.

> 나는 초등 고학년 때부터 스마트폰이랑 SNS를 시작했거든. 그때는 온라인에서 나만 소외될까 봐 엄청 불안했어. 근데 지금은 남들 시선보다 내 페이스대로 살고, 친구들과도 훨씬 즐겁게 지내.
>
> -알리사, 26세

또한 **남는 시간을 더 좋은 것을 즐기는 데 쓸 수 있어.** 알다시피, 많은 십대 청소년은 하루에 약 5시간을 SNS에 쓰고 있어. 일 년 중 75일을 SNS에 낭비하는 셈이지.

> 기억에 남는 이야깃거리는 전부 사람과 직접 만났을 때 생겨.
>
> -애럴린, 18세

이것은 너와 친구들이 이러한 앱을 사용하지 않기로 결정한다면, 다른 일을 하

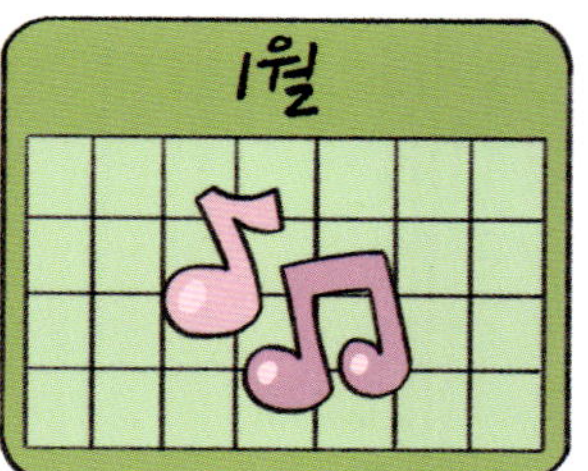

는 데 쓸 수 있는 시간이 **일 년에 약 2개월 반이나 덤으로 생긴다는** 뜻이야. 즉, 한 해 방학에 해당하는 시간이 추가로 생기는 셈이지. 이건 정말 '어마어마한' 시간이야.

남들과 차별화되는 독특한 개성

스마트폰이나 SNS 계정이 없는 삶이 유별나 보일까 봐 불안하니? 하지만 많은 사람들이 스스로 남다른 길을 걸어가려고 선택해. 예를 들면, 채식주의자가 되려고 한다거나 옷이나 음악에 자신만의 특이한 취향을 발전시키는 사람들이 있어. 스마트폰이나 SNS 계정을 가질지 말지 선택하는 것 역시 이와 비슷하게 '나는 어떻게 살 것인가'라는 철학적 질문에 대한 개인적 선택이야.

> 사람들은 뭔가 색다른 점이 있는 사람에게 끌려.
>
> -미아, 19세

게다가 다른 저항아들에 따르면, **이 길은 너를 더욱 특별하게 만들어 줄 거야. 그리고 너는 네 모습이 정말 마음에 들 거야.**

> 내가 만난 가장 흥미롭고 재미있었던 사람들 중 일부는 SNS를 사용하지 않았어.
>
> -데이비다, 22세

> 너는 사람들 사이에서 수수께끼 같은 존재가 될 거야. 내가 SNS를 사용하지 않으면서 좋았던 점이 바로 이것이야. 아무도 내가 뭘 하고 지내는지 모르니까, 나에 대해 궁금해했지.
>
> -프레야, 22세

어느 날 밤
딩동!
?
!!
탁!
훅

다음 날
에마,
괜찮아?
응? 으응.
괜찮아.
아니…
그냥…
좀 소름 돋는
메시지를…
…전혀 모르는
계정에서
받았어.
헐,
정말?
진짜 소름이다
부모님한테
말해야 하는
아냐?
미쳤어?
장난해?
쾅!
그러면 난리 치면서
내 계정을 삭제하려고
할걸! 절대 안 돼!
…
어…
다른 애들은
뭐라고 해?

그런 사람들 진짜 최악이야.
게임에서도 욕하고, 비하 발언 하고, 더러운 말 하는 사람 항상 있어.

내 말이. 나 저번 영상에 달린 댓글 보면 가관도 아냐.
다시는 스케이트 보드를 타고 싶지 않더라고.

진짜 별로다. 즐거운 일은 아니네.

인터넷에선 사람들이 딴판이 될 때가 있잖아.
그래서 무섭기도 해.
가끔은 폰 없던 옛날이 더 편했을 것 같단 생각이 들어.

저항아는 기술을 현명하게 사용한다

저항아가 된다는 것은 기술을 '전혀' 사용하지 않는다는 뜻이 아니야. 다만 기술을 신중하게 그리고 현명하게 사용하고, 좋은 습관을 기른다는 것을 뜻해.

저항아의 행동 수칙

- **기술을 도구로 사용하라. 기술이 나를 사용하게 하지 마라.**
- **자신의 삶을 진짜 우정과 자유와 재미로 채우라.**

난 휴대폰을 만능 도구로 써. 이렇게 되기까지 많은 우여곡절이 있었어. 하지만 내가 휴대폰에 조종당하기보다 내가 휴대폰을 조종하는게 낫지 않겠어?

–미아, 19세

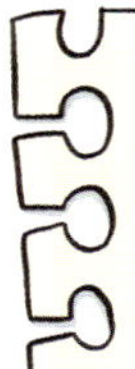

화면과 기술을 현명하게 사용하는 방법

모든 화면과 기술이 다 똑같은 목적으로 만들어진 것은 아니야. 저항아와 나머지 사람들의 가장 큰 차이점 중 하나는 해롭거나 중독성이 강한 기술과 자신에게 도움이 되고 삶을 더 낫게 만드는 기술을 구별할 줄 안다는 거야.

저항아의 행동 수칙을 바탕으로 다음 세 가지 질문을 던짐으로써 그것을 구별할 수 있어.

1. 나는 기술을 유용한 도구로 사용하는가?

만약 무엇을 배우거나 자신이 원하는 사람이 되거나 자신에게 중요한 것을 이루는 데 도움을 주는 기술이라면, 그것은 유용한 도구야. 예를 들어 AI를 활용해 수업 시간에 잘 이해하지 못한 수학 개념의 설명을 듣거나, 외국어 앱을 사용해 단어 암기에 도움을 받는다면, 그것은 기술을 유용하게 사용하는 거야. 혼자서 또는 친구들과 함께 훌륭한 영화나 뭔가를 가르치는 다큐멘터리를 본다면, 그것 역시 가치가 있는 활동이야.

이건 몰랐을걸?

인류는 수만 년 동안 이야기를 들려주며 살아 왔어. 단순히 재미를 위해서 그러기도 했지만, 역사와 사회에 관한 지식 그리고 옳고 그름에 대한 가치관을 다음 세대에 전해 주기 위해 그러기도 했지. 영화나 오디오북, 팟캐스트는 기술을 훌륭하게 사용한 사례야. 우리에게 재미있는 이야기를 들려주면서 많은 것을 가르쳐 주니까 말이야.

하지만 손쉬운 지름길을 택하려는 시도는 좋지 않아. AI에게 학교 수업을 위해 읽기로 한 책을 요약해 달라고 하거나 과제물을 대신 쓰게 한다면, 그것은 기술을 유용한 도구로 사용하는 것이 아니야. 너는 단지 어려운 일을 모면하기 위해 그것을 이용하는 것에 불과해. 저항아는 **어렵다는 바로 그 이유 때문에 어떤 일을 직접 하는 게 중요하다**는 사실을 잘 알고 있어. 그래야 제대로 배우고 성장할 수 있거든.

2. 나는 기술을 '진짜' 우정을 만드는 데 사용하는가?

예를 들어 혼자서 틱톡 영상을 보거나 게임을 하면서 시간을 보내는 것보다, 친구를 직접 만나 함께 게임을 하거나 밤에 영화를 보

는 게 훨씬 즐거워.(각자 스마트폰을 들여다보지 않아야겠지?) 또한 친구와 전화로 직접 통화를 하면 우정이 더 깊어지는 게 느껴지지만, AI '친구'와 나누는 대화는 그렇지 못해.

3. 기술이 중독을 유발하도록 설계되었는가?

중독될 것 같다면, 그 기술은 최대한 피하는 게 좋아.

또한 테크 회사들이 '도구' 앱의 중독성을 높이기 위해 자사 제품에 추가하는 변화에 주의해야 해. 예를 들면, 음악 앱은 이전에는 이동 중에도 음악을 들을 수 있게 해 주

이건 몰랐을걸?

돈을 내고 쓰는 유료 앱은 중독성이 높게 설계돼 있을 가능성이 적어. 예를 들면, 스포티파이 같은 앱의 공짜 버전에는 중독을 유발하는 이런저런 요소들과 광고가 포함돼 있지만, 유료로 구독해야 하는 애플 뮤직은 그렇지 않아.

는 유용하고 즐거운 도구였어. 하지만 지금은 일부 음악 앱에 광고와 짧은 영상이 포함돼 있어.(그걸 만든 사람들이 사용자의 주의를 놓고 틱톡 같은 영상 앱과 경쟁을 해야 하기 때문이야.) 만약 어떤 앱이 너를 낚으려고 하는 걸 알아채면, 다른 앱으로 바꾸는 게 좋아.

인공 지능과 미래의 기술

테크 마법사들은 AI 친구, 가상 현실 헤드셋, 심지어 사용자의 뇌에 직접 연결되는 기술을 포함해 항상 새로운 것을 발명해. 대다수 어른은 이런 것에 어떻게 대처해야 할지 잘 모르고, 심지어 AI를 개발하는 사람들조차 그것이 어떻게 작용하는지 완전히 이해하지 못해.

하지만 너희는 이제 어떻게 해야 하는지 알고 있어. 새로운 기술에 맞닥뜨릴 때마다 앞에서 소개한 세 가지 질문을 던져 봐. (나는 기술을 유용한 도구로 사용하는가? 나는 기술을 '진짜' 우정을 만드는 데 사용하는가? 기술이 중독을 유발하도록 설계되었는가?) 그리고 그 답을 바탕으로 새로운 기술을 사용할지 말지, 사용한다면 어떻게 사용할지 결정해.

다른 기술들을 위한 조언

저항아들이 스마트폰과 SNS 말고도 인기 있는 몇 가지 기술에 대처하는 방법을 알려 줄게.

스마트워치

애플 워치 같은 '스마트'워치는 스마트폰보다 나은 선택이 될 수 있지만, 문자 메시지와 알림이 수신되는 스마트워치는 스마트폰만큼이나 우리의 주의를 빼앗아 갈 수 있어. 사실, 스마트워치는 스마트폰보다 주의를 더 많이 빼앗을 수 있는데, 손목에서 진동하기 때문이야.

스마트워치를 꼭 가져야 한다면, 시간을 알려 주고 통화를 하고 짧은 문자를 보내는 것처럼 몇 가지 단순한 기능만 가진 것을 선택하도록 해.(그리고 알림 신호를 제한하는 게 좋은데, 특히 학교에 있는 동안에는 더욱 그래.) 스마트워치 대신 시간만 알려 주는 멋진 모양의 보통 시계를 사용할 수 있어.

전자책 단말기는 어떨까?

킨들 같은 전자책 단말기는 아주 좋은 도구가 될 수 있어. 많은 책을 들고 다니기가 힘들다면 더욱 편리하지. 다만 아이패드 같은 태블릿에 깔린 전자책 리더 앱 말고 실제 전자책 단말기만 사용하도록 해. 태블릿은 웹 브라우저와 알림 기능도 있어 독서를 할 때 주의를 분산시키기 쉽거든.

게임

게임은 정말로 재미있을 수 있어. 친구들과 함께 하면 특히 재미있고, 같은 방에 모여서 얼굴을 맞대고 한다면 더더욱 재미있지. 하지만 SNS와 마찬가지로 많은 게임은 사용자를 중독에 빠뜨리도록 설계되었어. 만약 부모님이 게임을 허용한다면, 저항아들이 주는 다음 조언들을 귀담아듣도록 해.

> 나는 문자 그대로 야행성 동물로 변했어. 오후 5~6시 무렵에 일어나 밤을 꼴딱 새며 게임을 하고는, 오전 9시 무렵에 잠을 잤어.
>
> -크리스, 28세

★ **게임 회사들의 속임수를 조심해.** 다른 게임에 비해 뇌를 해킹하는 속임수를 더 많이 사용하는 게임이 있어. 게임 마법사들의 가장 교활한 속임수(69쪽 참고)를 잘 알아두는 게 좋아. 그래야 너의 뇌를 해킹할 가능성이 높은 게임을 피할 수 있으니까 말이야. 아니면 그런 게임을 할 때 속임수에 빠지지 않도록 아주 많이 신경을 써야 할 거야.

유용한 팁: 절대로 스마트폰으로 게임을 하지 마. 어디로 가건 계속 게임을 하기 쉬우니까. 컴퓨터나 게임기를 사용해 게임을 하되, 그런 기기를 침실에 두지 마. 잠자야 할 시간에 게임을 계속 하고 싶은 유혹에 빠지기 쉬우니까 말이야.

★ **게임 시간을 반드시 지켜.**

게임을 하면 시간 가는 줄 모르기 쉬워. 그러니 게임을 시작할 때 얼마 동안만 하겠다고 미리 시간을 딱 정하도록 해. 일주일에 몇 시간 이상은 하지 않도록 노력하고, 게임 하는 날도 일주일에 2~3일 정도로 제한해. 매일 게임을 하면 나쁜 습관이 생기거나 문제에 빠지기 쉬워.

★ **게임에서 만난 낯선 사람을 경계해.**

많은 게임은 채팅 기능이 있어서 낯선 어른이 너희에게 접근할 수 있어.(때로는 너희를 속이려고 또래인 척 연기를 하기도 해.) 낯선 사람이 메시지를 보내기 쉬운 디스코드 같은 플랫폼으로 소통하는 건 피하는 게 좋아. 대신에 전화나 영상 통화 플랫폼을 사용해 친구들과 직접 통화하며 게임을 즐겨 봐. **친구들과 직접 만나 한자리에 모여서 게임을 할 수 있으면 훨씬 좋아.**(만약 게임 내 채팅 기능을 꼭 사용해야 한다면, 낯선 사람이 쉽게 접근하지 못하도록 프로필을 '비공개'로 설정하도록 해.)

★ **문제가 생기지 않도록 주의해.**

게임을 하는 사람 10명 중 1명은 정신과 의사가 '인터넷 게임 장애'라고 부르는 증상이 나타나. 게임을 하느라 시간을 너무 많이 쓰는 바람에 잠, 친구 관계, 학교 성적, 가정생활 등에서 문제가 생기는 거지. 이 장애는 중독처럼 보이고 느껴지는 경우가 많아. 게임을 그만두려고 해도 끊기가 불가능하거나 매우 어려워. 자신의 게임 습관이 문제가 되고 있다고 느껴지면, 부모님이나 선생님, 상담사, 코치 등 믿을 만한 어른에게 도움을 요청하도록 해.

유용한 팁: 게임에 시간을 너무 많이 쓰고 있어 게임을 끊거나 줄이고 싶다면, 3주일 동안 게임을 중단하도록 노력해 봐. 자세한 것은 184쪽의 '저항군의 3주 뇌 리셋'을 참고해.

나는 게임 중독을 잘 압니다. 10년 넘게 그것만 생각했으니까요.
어떤 버전이 사람들의 시간과 돈을 최대한 뽑아내는지
알아내기 위해서 게임 속 기능들을 전부 실험해 봤어요.
우리가 볼 때, 게임 중독은 의도적으로 설계된 특징이에요.

— 윌리엄 시우, 게임 회사 스톰8의 공동 창업자

영상과 게임은 언제라도 할 수 있지만, 어린 시절에 형제와 친구들과 함께 뒹굴며 노는 시간은 영원하지 않다는 사실을 좀 더 일찍 깨달았으면 얼마나 좋았을까! 우리는 모두 결국 어른이 되고 마니까.

-테아, 19세

유튜브와 영상 플랫폼

SNS와 마찬가지로 유튜브도 광고에서 많은 돈을 벌기 때문에, 우리를 유혹하도록 설계돼 있어. 만약 유튜브를 꼭 봐야 한다면, 뇌를 해킹당해 원했던 것보다 더 많은 시간을 영상 시청에 빼앗기지 않도록, 그리고 자신이 시청하는 것을 스스로 통제할 수 있도록 설정을 조정하도록 해.

- **자동 재생 기능을 꺼두어** 또 다른 영상이 자동적으로 재생되지 않게 해.
- 자신을 위해 **시간 제한을 설정**하도록 해.(그리고 '휴식' 알림 기능도 사용해 봐.)
- **개인 맞춤형 광고 기능을 끄도록 해.**
- 유튜브가 골라 주는 채널 말고 자신이 관심을 가진 채널을 **구독**하도록 해.
- 유튜브가 추천하는 콘텐츠를 생각 없이 클릭하는 대신에, **검색**을 사용해 관심이 있는 주제의 콘텐츠를 직접 찾는 습관을 들이도록 노력해.

- **유튜브 쇼츠를 피하도록 해.** 그런 짧은 영상 콘텐츠는 "뇌를 썩게" 하고 주의 지속 시간을 단축시킬 가능성이 특히 높아.
- SNS와 마찬가지로 영상에서 사람들이 이야기하는 것이 **사실인지 확인하는 사람이 아무도 없다는** 사실을 명심해.
- **극단적인 주장을 펴는 인플루언서를 조심해.**(예를 들면, 여자들은 모두 이렇다거나 특정 정당을 지지하는 사람은 모두 저렇다고 말하는 사람들이 있어.) 이들이 극단적인 주장을 하는 이유는 더 많은 클릭과 시청자를 끌어들여서 결국 더 많은 돈을 벌기 위해서야. 실제 현실은 그들의 말보다 훨씬 복잡한 경우가 많아.

온라인의 위험한 사람들로부터 자신을 보호하는 방법

게임은 다른 사람과 대화를 나눌 수 있는 채팅 기능이 포함돼 있는 경우가 많고, 많은 SNS 앱은 낯선 사람의 접근을 허용해. 이들은 십대인 양 행세하지만 실제로는 나이가 훨씬 많은 경우가 많아. 처음에는 친절하고 정상인 사람처럼 보이지만, 이것은 이들이 벌이는 게임의 일부야. 얼마 지나지 않아 이들은 본색을 드러내기 시작하는데, 소름 끼치는 말을 하거나 사진이나 돈을 요구하거나 심지어 협박까지 해.

그래서 **게임을 하거나 SNS를 사용할 때에는 낯선 사람과 채팅을 피하는** 게 아주 중요해. 현실 세계에서 아는 사람들하고만 소통을 한다면, 이상하거나 위험한 일이 덜 일어날 거야.

무슨 일이 있어도, 온라인에서 낯선 사람에게 **자신의 사진(아니, 그 어떤 것의 사진이라도!)을 보내면 절대로 안 돼**. 설령 상대방이 너와 같은 나이라고 주장하거나 자신의 사진도 보내겠다고 말하더라도 말이야.(사진과 영상을 조작하기는 아주 쉬워. 심지어 목소리마저 변조할 수 있어.)

만약 누가 사진을 요구하거나 너를 속여 사진을 보내게 하거나 다른 방법으로 협박한다면(돈이나 사진을 더 보내라고 요구하는 것을 포함해), **대화를 멈추고 즉각 믿을 만한 어른에게 알리도록 해**. 죄책감이나 수치심을 느낄 필요는 전혀 없어. 어른을 포함해 이런 속임수에 넘어간 사람은 수백만 명이 넘어. 지금 처한 상황과 자신이 한 일을 어른에게 이야기하는 것이 처음에는 아주 거북하거나 부끄러울 수 있어. 그래도 알려야 돼. 그래야 나중에 더 큰 문제에 빠져 고통받는 것을 막을 수 있어.

건강한 기술 사용 습관

저항아는 기술이 현대 생활의 일부라는 사실을 잘 알아. 그리고 나이가 더 들었을 때 기술과 건강한 관계를 유지하길 원한다면, '지금' 분명한 경계를 설정하고 건강한 습관을 확립할 필요가 있다는 사실도 알지. 저항아라면 태블릿과 컴퓨터, 노트북, 그리고 스마트폰(만약 갖고 있거나 나중에 갖게 된다면)을 포함해 온갖 종류의 기기를 어떻게 다루는 게 좋은지 몇 가지 팁을 소개할 테니 참고해.

전자 기기를 덜 유혹적인 것으로 만들라

저항아는 도파민 유발 요인을 간파하는 방법을 알고, 그런 요인을 최대한 제거하려고 노력해. 예컨대 전자 기기의 화면을 흑백으로 바꿔서 눈길을 끄는 것을 다 치워(102쪽 참고). 또는 문제를 일으키는 앱을 삭제하거나 숨기고, 홈 화면을 도구 앱만 나타나도록 바꿔.(어떤 저항아는 홈 화면을 완전히 텅 빈 상태로 바꾸고, 필요할 때 검색해 앱을 열기도 해!)

자신의 주의력을 보호하라

저항아는 **알림을 끄고 '집중' 모드를 사용함으로써** 주의 분산으로부터 뇌를 보호해. 집중 모드를 사용하면 뭔가에 집중해야 할 때 새 메시지 알림을 차단할 수 있어. 그리고 학교에서 컴퓨터를 사용할 필요가 생기면, 오로지 공부 목적으로만 사용하도록 해.(게임을 하거나 SNS를 탐색하는 용도로는 절대로 사용하지 마.)

어떤 저항아는 거기서 더 나아가 **앱 차단기**를 사용해. 앱 차단기는 즐거운 시간을 보내거나 어떤 일을 하려고 할 때 주의를 분산시키는 웹사이트와 앱을 차단하는 앱이나 기기를 말해. 예를 들면, 숙제를 빨리 마치기 위해 한 시간 동안 유튜브와 모든 메시지 앱을 차단할 수 있어. 그렇게 숙제를 마치고 나면, 친구와 즐겁게 놀 수 있지.

저항아는 또한 자신의 주의력을 보호하기 위해 물리적인 환경을 바꾸기도 해. 숙제를 하는 동안은 책상 위나 가까운 곳에 스마트폰이나 태블릿 같은 전자 기기를 두지 마. 또 등 뒤에서 TV 소리가 들리지 않도록 반드시 꺼 두도록 해.

이렇게 해 봐!

전자 기기가 있다면, 저녁 시간에 알림을 켠 상태로 숙제를 하려고 해 봐. 그리고 다른 날에는 알림을 차단한(혹은 집중 모드) 상태로 숙제를 해 봐. 그러고 나서 숙제를 마치는 데 각각 걸린 시간을 비교해 봐. 큰 차이가 있지?

이건 몰랐을걸?

설령 스마트폰을 적극적으로 사용하지 않는다 하더라도, 스마트폰이 있다는 사실 자체만으로도 주의가 분산될 수 있어!

자신의 잠을 보호하라

저항아는 **화면을 침대로 가져가서는 안 된다**는 사실을 잘 알고 있어. 저항아는 전자 기기를 침실에서 추방하려고 노력해(특히 밤에는). 그리고 잠자리에 들기 전에 적어도 한 시간 동안은 화면을 아예 보지 않는데, 그러면 뇌가 긴장을 풀고 휴식을 취하는 데 도움이 돼.

저항아는 또한 별도의 **알람 시계**를 사용해. 왜냐고? 스마트폰이나 전자 기기를 알람 시계로 사용한다면, 아침에 눈을 뜨자마자 맨 먼저 그것을 들여다보기 때문이지. 저항아는 자신이 하루를 시작하는 방식을 테크 회사들이 좌지우지하는 걸 참지 않아.

한 번에 한 가지 일만 하라

샌드위치를 먹으면서 TV를 볼 수는 있지만, 수학 숙제를 하면서 TV를 볼 수는 없어. 우리 뇌는 한 번에 한 가지 일에만 '완전히' 집중할 수 있기 때문이야. TV와 수학 방정식 사이를 왔다 갔다 할 때마다 마치 자동차가 급커브를 도는 것처럼 뇌의 작동 속도가 크게 느려져. 어른들이 '멀티태스킹'이라 부르는 이러한 작업 방식은 무슨 일을 하건 작업 속도를 크게 늦추지. 그래서 저항아는 한 번에 한 가지 일에만 집중하려고 노력해.

도움을 요청하라

마지막으로, 저항아는 테크 마법사의 회사에 제품 사용을 멈추기 어렵게 만들려고 온갖 방법을 개발하는 직원이 수천 명이나 있다는 사실을 알고 있어. 그래서 일부 저항아는 부모님에게 아동 보호 기능이나 시간제한 기능을 사용하라고 '부탁해'. 이것은 공정한 싸움이 아니기 때문에, 필요할 때 도움을 요청하는 것도 좋은 방법이야.

저항군의 3주 뇌 리셋

> 스마트폰과 SNS, 게임을 줄이기 시작하면서, 내 일상에 새로운 취미와 경험을 위한 공간이 엄청나게 많아지는 게 느껴졌어.
>
> –소이야, 16세

이미 스마트폰이나 SNS 계정을 갖고 있다면, 혹은 게임이나 영상 시청에 너무 많은 시간을 써서 걱정이라면, **스스로를 탓할 필요는 없어**. 많은 앱과 게임, 전자 기기는 '사람들을 중독시킬 목적으로 의도적으로 설계되었다'는 사실을 기억해.

그리고 **너무 염려하지 마**. 통제력을 되찾고, 이미 일어난 뇌의 변화를 되돌리는 건 얼마든지 가능하니까.(너희는 아직 어려서 뇌가 아직도 매우 유연해!)

'저항군의 3주 뇌 리셋' 방법이 큰 도움을 줄 수 있어. 이것은 **3주일 동안 완전한 휴식**을 취하는 방법이야.

> 항상 너 자신을 소중하게 여겨. 살다 보면 힘든 날도 있겠지만, 좋은 날도 많아.
>
> –타일러, 18세

- 네가 리셋 중이라는 사실을 **친구들에게 말하고**(네가 제대로 하지 않았을 때 친구들이 지적할 수 있도록), 재미있는 일에서 혼자만 소외되지 않도록 너와 소통하는 방법을 알려 줘.(예를 들면, SNS 대신에 전화나 문자 메시지로 연락해 달라고 이야기해.)
- 네게 문제를 일으키는 **앱이나 게임을 삭제해**.(게임기는 플러그를 뽑고 책장 꼭대기처럼 눈에 띄지 않는 곳으로 치워 버려.)
- 이렇게 해서 되찾은 시간을 **다른 일을 하는 데 써 봐**. 예컨대 관심이 있거나 재미있어 보이는 일을 시도해 봐.

왜 3주일이 필요하느냐고? 중독성이 있는 앱과 게임 사용을 중단하면, 처음에는 대개 기분이 좋아지기보다는 나빠지는 경우가 많아. 괜히 심술이 나고 불안하고 초조해질 뿐만 아니라, 불면증도 생길 수 있어.

이것은 그동안 뇌가 부자연스럽게 높은 수치의 도파민에 적응했기 때문이야. 그래서 더 낮은 수치의 도파민에 다시 적응하기까지 시간이 좀 걸려. 그 조정 기간은 몇 주일이 걸릴 수 있는데, 첫 번째 주가 견뎌 내기 가장 어려워. 이것을 **금단 증상**이라고 부르는데, 중독성 약물 사용을 중단할 때 일어나는 것과 같은 증상이야.

좋은 소식은 일단 이 시기를 무사히 넘기기만 한다면, 신체 상태와 기분이 좋아지는 시기가 찾아온다는 것인데, 많은 경우 '훨씬' 좋아져. 왜 그럴까? 그것은 바로 **뇌가 리셋되었기** 때문이야. 즉, 원래 상태로 복구된 거지. 그리고 3주일이 끝날 무렵에는 좋은 새 습관이 생기거나 새로운 관심사가 생겼을 수도 있어.

일부 저항아는 이러한 과정을 반복하기도 해. 앱이나 게임을 너무 많이 사용한다는 사실을 깨닫고는 한동안 그것을 끊었다가 다시 이전의 나쁜 습관으로 되돌아가지.(만약 이런 일이 일어나거든 너무 자책하지 마. 3주간의 실험을 또다시 반복하면 되니까.) 그런가 하면 이전의 나쁜 습관으로 다시는 되돌아가지 않는 사람도 있어. 마법사의 마법에서 완전히 풀려난 거지.

유용한 팁: 앱이나 게임을 하고 싶은 생각이 간절하다면, 서퍼가 파도를 타는 것처럼 그 갈망을 잘 '타고 넘도록' 노력해 봐. 갈망에 굴복하지 말고, 그것이 마음과 몸에서 어떻게 느껴지는지 알아보려고 해 봐. 그것이 얼마나 빨리 지나가는지 알면 깜짝 놀랄지도 몰라.(아니면 그냥 다른 일에 몰두하려고 노력할 수도 있어. 주의를 다른 데로 돌리는 것이 도움이 될 수 있거든.)

이렇게 해 봐!

화면 중독에서 탈출하고 싶을 때 있잖아? 그럴 때면 산책을 가거나, 농구를 한 판 하거나, 손을 써서 무언가 만들기처럼 '화면 없는' 놀이 몇 개를 정해 둬. 농구공처럼 필요한 물건이 있다면, 바로 꺼낼 수 있게 근처에 두도록 해. 화면 없이 노는 건 최대한 쉽게, 앱이나 전자 기기는 최대한 쓰기 어렵게 만드는 게 포인트야!

전에는 학교가 끝나면 스마트폰을 스크롤하면서 시간을 보냈지만, 지금은 가족과 대화를 나누거나 밖에 나가 드러눕거나 책을 읽으며 시간을 보내.

–크리스턴, 20세

게임을 끊고 난 후, 이제 게임을 하고 싶은 충동이 싹 사라졌어. 물론 게임을 할 수도 있겠지만 그러고 싶지 않아.

–타일러, 18세

방학 날
우리 하루 날 잡아서 별 보러 가자! 여름은 별 보기 정말 좋거든.
야외 콘서트도 가자! 이때가 최고야!
여름 방학 계획
- 바닷가
- 스케이트보드
딩동댕!
드디어 여름 방학이다!
나는 다음 주에 먼 산으로 가족 여행을 할 거야.
그러고 나서 생태 공원에 가서 자원 봉사를 할 거야.
와, 너랑 딱이다!
난 부모님이 보드 캠프 보내 준대! 대박이지?
드디어 힐플립 배울 수 있겠다!
소피, 너는 음악 레슨 받을 거지?
응, 작사 작곡 레슨을 받을 거야. 내년에는 밴드를 시작해 보려고.

음, 너희 둘은
이번 여름에
뭐 해?
몰라. 그냥
빈둥거리지
않을까?
우리 부모님은
이미 시간표를
다 짜 놓았어.
에마, 너는?
뭐 있어?
아직
생각 중이야.
8월
난 뭘 하고
있는 거지?

자신의 삶을 '진짜' 우정과 자유와 재미로 가득 채우는 방법

저항아는 중독성이 있는 기술을 그냥 피하기만 하지 않아. 거기서 더 나아가 **'진짜' 우정과 자유와 재미**를 얻을 기회를 추구하지. 왜냐고? 자신의 삶을 진짜 우정과 자유와 재미로 가득 채우면, 더욱 놀라운 것을 경험할 수 있기 때문이지. 그리고 스마트폰 화면을 보고 싶은 생각이 줄어들지.

이건 몰랐을걸?

놀라운 것 혹은 행복한 것을 항상 느낄 수 있는 것은 아니야. 하지만 자신의 삶이 진짜 우정과 자유와 재미로 채워질수록 힘든 시기를 헤쳐 나가기가 훨씬 쉬워져.

진짜 우정과 자유와 재미

우정

사람은 행복하고 건강하게 살아가려면 친구가 필요해. 실제로 연구자들은 다른 사람들과 단절된 느낌은 담배를 피우는 것만큼 건강에 나쁘다는 사실을 발견했어.

테크 회사들은 자신들의 제품으로 우정의 필요를 충족시킬 수 있다고 사람들이 믿길 원해. 물론 스마트폰과 SNS, 게임은 사람들을 연결하는 데 도움을 '줄 수' 있어. 하지만 너희 윗세대는 값비싼 대가를 치른 후에야 테크 회사들이 '우정'이라고 주장하는 것 중 많은 것이 가짜라는 사실을 깨달았어.

진짜 친구 대 가짜 친구

진짜 친구는 너('진짜' 너)를 잘 알고 너에게 관심을 보이는 사람이야. 함께 있으면 즐겁고, 기분이 침울할 때 기운을 북돋아 주고, 어려운 일이 있을 때 곁에서 도움을 주는 사람이지.

친구끼리는 서로를 신뢰하고, 함께 웃으면서 많은 시간을 보내지. 친구끼리는 온라인

> 난 친구들과 함께 있을 때가 너무 좋고 즐거워.
>
> -글로리, 14세

> SNS가 없다면, 우리의 우정은 더욱 깊어질 거야.
>
> -루카야, 16세

에서 유행하는 것 말고도 많은 것을 함께 이야기할 수 있어.

반면에 **가짜 친구**는 진짜 너를 알지도 못하고 너에게 관심도 없어. 그래서 너를 불안하고 초조하게 만들지. 너에게 어려운 일이 닥치면 사라져 버려. SNS 팔로워는 친구가 아니야. AI 챗봇 역시 친구가 아니고. 진짜 친구라면… 당연히 실제로 존재해야지.

이건 몰랐을걸?

메타의 CEO는 사람들에게 친구가 더 많다는 느낌을 주기 위해 자기 회사의 앱들에 AI 챗봇을 더 많이 추가하길 원한다고 말했어. 이것은 테크 마법사의 궁극적인 마법이야. 먼저 자신의 제품 중 하나가 문제를 일으켜.(예컨대 사람들에게 외로움을 느끼게 만들어.) 그러고 나서 또 다른 제품을 해결책이랍시고 내놓지. 하지만 이들이 제공한 '친구'는 실제로는 컴퓨터 프로그램에 지나지 않아!

자유

테크 마법사들은 너와 네 친구들이 스마트폰이 자유와 독립의 증표라고 생각하길 원해. 하지만 스마트폰이 '정말로' 사람들을 더 자유롭게 할까?

진짜 자유 대 가짜 자유

진짜 자유는 자신의 삶을 스스로 책임지고 자신에게 편안함을 느끼는 상태야. 자유는 자신의 호기심을 추구하고, 새로운 것을 시도하고, 위험을 감수하고, 실패도 하고, 깊은 생각을 통해 해결책을 발견할 수 있게 해 주지. 남들이 나를 어떻게 생각할지, 비웃지는 않을지 신경 쓰지 않고 말이야.

가짜 자유는 자신이 자유롭다고 '생각'하지만, 실제로는 다른 사람 혹은 다른 무엇이 너의 선택을 좌우하는 상태를 말해.(말하자면 인플루언서나 테크 마법사가 너의 선택을 좌우하는 거지.) 그 결과, 실제로 원하지 않는 어떤 일을 해야 할 것 같은 압박을 받고, 자신의 진짜 의사와 상관없는 방식으로 행동하고, 남에게 비웃음이나 나쁜 평가를 받을까 봐

> 온종일 스마트폰을 보면서 보내는 건 진짜 자유가 아니야. 그것은 내 삶이 스마트폰에 지배당하는 거야.
>
> -벤, 22세

하고 싶은 일을 못 하는 상태에 놓이지.

저항아들이 종종 인터넷이나 전자 기기 '없이' 혼자 힘으로 어떤 일을 하려고 시도하는 것은 이 때문이야. 예를 들어 영상 대신에 다른 사람에게 새로운 것을 배워 봐. 학교가 끝난 후에 스마트폰을 보지 않고 한 시간 동안 혼자서 즐겁게 시간을 보내 봐. 혹은 스마트폰을 보지 않고 어색하거나 따분한 순간을 헤쳐 나가 봐.

> 스마트폰은 내가 친구들 앞에서 온전한 나 자신의 모습으로 행동하지 못하도록 방해해.
>
> -소피아, 21세

이렇게 생각해 봐:

파티에 갔는데 모두가 스마트폰을 꺼내 들고 있다면, 너는 마음 편하게 춤추거나 장난치며 놀 수 있겠니? 아니면 누가 너를 찍어서 온라인에 올릴까 봐 걱정이 돼 뒤로 물러나겠니?

재미

테크 회사들은 입만 열면 자기네 제품이 아주 재미있다고 말해. 하지만 현실 세계에서 어떤 활동을 하면서(특히 친구들과 함께) 느끼는 '진짜' 재미와 혼자 화면에서 시간을 보내며 느끼는 '가짜' 재미 사이에는 큰 차이가 있어.

진짜 재미 대 가짜 재미

진짜 재미는 그 일이 일어날 때 큰 즐거움을 느끼고, 행복감과 활력과 생생한 기억을 남겨. 진짜 재미는 대개 사람들이 **현실 세계에서 어떤 일을 함께 할 때** 느낄 수 있어. 혼자 온라인에서 하는 활동에서는 '거의' 나타나지 않아.(이것은 혼자 있거나 극소수 사람하고만 함께 있길 좋아하는 내향적인 사람도 마찬가지야.) 그저 온라인에 올릴 목적으로 어떤 일을 할 때에도 진짜 재미를 느낄 수 없어. 우리는 진짜 재미를 느낄 때 경계심을 내려놓고, 가장 확실하고 진정한 자신의 모습을 보여 주지. **진짜 재미는 큰 만족감을 주고, 더**

할 나위 없는 행복을 느끼게 해.

반면에 **가짜 재미**는 같이 있는 사람들(혹은 다른 사람들)이 재미있다고 이야기하는 것을 할 때 느끼는 감정이지만, 거기서 행복감과 활력이 느껴지지는 않아. 가짜 재미는 처음에는 슈거 러시처럼 흥분을 불러일으키지만, **만족감을 남기는 경우는 드물어**. (이것은 뇌가 해킹당했다는 징후인 경우가 많아.) 가짜 재미는 지나고 나면, 기억에도 잘 남지 않아.

대다수 사람들에게 가짜 재미의 주요 원천은 SNS, 혼자 하는 게임, TV 프로그램이나 온라인 영상(특히 짧은 영상) 몰아서 보기야.

게임에서 진짜 재미를 느낄 수 있을까?

친구들과 같은 방에 모여서 함께 게임을 한다면, 그리고 함께 웃고 몰입해 게임을 한다면, 충분히 진짜 재미를 느낄 수 있어.

물론 온라인에서 보는 것이 즐거움과 웃음을 줄 수도 있어. 하지만 어제 본 릴스를 기억하려고 해 보면, 잘 떠오르지 않을 거야. 모두 뒤섞여 흐릿하고 혼란스러운 기억으로 남아 있을 거야.

이건 몰랐을걸?

혼자서도 기분 전환을 하고 즐거움을 느낄 수 있는 일이 많이 있어. 예컨대 영화를 보거나 독서를 하거나 운동을 하거나 음악을 들어 봐. 어떤 일을 하는 데 시간을 쓰고 나서 어떤 기분을 느꼈는지 스스로 반문하는 습관을 들여 봐. 만약 기분이 좋았다면, 그것은 시간을 잘 쓴 거야.

이렇게 해 봐!

스마트폰과 앱을 사라고 권하는 광고를 조심해! 광고에 나오는 사람들이 얼마나 즐거워하는지 자세히 살펴봐. 그러고 나서 현실 세계에서 스마트폰을 들여다보는 사람을 살펴봐. 그 사람도 광고에 나온 사람만큼 행복해 보여?

가장 즐거운 기억은 어떤 거야?
그때 무슨 일을 했어? 누구와 함께 있었어?

나처럼 SNS를 사용하지 않는 사람과 사랑에 빠진 거였지.

-케이트, 24세

친구들과 함께 우리끼리 시내로 놀러 간 것. 때로는 부모님에게 알리지도 않고서 갔지. 마치 영화 속으로 들어간 것 같았어. 오늘날 넷플릭스에서 보는 것과 같은 종류의 모험을 경험하면서 말이야.

-데이비다, 22세

콘서트에 가서 비가 내리는데 옥상에서 춤을 춘 것. 여름날의 햇볕 아래에서 긴 하루를 보낸 뒤에 친구들과 노래 부르며 화음을 맞춘 것. 밤을 새우며 카드 게임 한 것. 하이킹! 캠핑! 야외 활동!

-켄덜, 22세

친구 할아버지의 초대로 몇몇 친구와 함께 오두막집에서 보낸 일주일. 우리는 숲을 탐험하고, 야간 하이킹을 하고, 사륜 오토바이도 타고, 얼음물 속으로 뛰어들고, 모닥불 위에서 스테이크도 구워 먹었지. 이 굉장한 경험으로 끈끈한 우정을 쌓았어.

-숀, 22세

의미 있는 일을 하라

우정과 자유와 재미 외에 사람들에게 경이로움을 느끼게 하는 요소가 하나 더 있어. 그것은 바로 의미 있는 일을 하는 거야. 이웃의 부탁을 들어준다거나 동생에게 신발 끈을 묶는 법을 가르친다거나 남에게 도움을 주거나 자부심을 느낄 수 있는 일을 생각해 봐. 다른 사람들에게 도움을 주거나, 관계를 돈독히 하거나, 세상을 더 낫게 만드는 일을 더 많이 할수록 경이로움을 더 많이 느낄 수 있을 거야.

자, 그렇다면 저항아들이 어떤 방법을 통해 자신의 삶을 진짜 우정과 자유와 재미로 채우는지 살펴보기로 하자.

저항아들은 자신의 뇌를 발견 모드가 되도록 훈련시키고, 현실 세계에서 많은 일을 다른 사람들과 함께 해.

여름 방학
오늘 참 좋았어!
찰칵!
안녕, 캘리!
...
어!

소피, 너도
여기서 수학 특강을
듣는 거야?

아니, 나는
작사 작곡 수업을
받고 있어.

이거 진짜
너무너무 재미있어.
너도 같이 하자.
오, 음…

코드 진행
좀 혹하긴
한데…
일단 생각 좀
해볼게.

하!

나, 나갔다
올게요!

흐으읍!

저항아는 발견 모드로 살아간다

저항아는 자신의 뇌가 아주 빠르게 변하고 있으며, 만약 십대 시절을 방어 모드로 살아간다면, 재미를 덜 경험하고 결국은 더 불안하고 초조해지는 상태가 되고 만다는(심지어 어른이 된 뒤에도) 사실을 알아. 방어 모드는 늘 "그건 너무 무서워." 또는 "실패를 하면 어쩌지?"라고 불안해하면서 모험적인 행동을 꺼리는 마음 상태를 말해.

반대로, 새로운 것을 시도하고, 호기심을 추구하는 발견 모드로 더 많은 시간을 보내면 상황이 달라져. "헉, 어떡해." 하면서 피하기보다 "일단 해 보자!"라는 마음 상태야. 그럼 지금 당장도 즐겁고, 나중에도 **재미를 더 많이 느끼고 자신감도 훨씬 커질 거야.**

발견 모드 =
자신감과 호기심을 느낀다.

방어 모드 =
불안과 두려움을 느낀다.

자신의 뇌를 발견 모드로 전환하는 첫 단계는 일단 소파에서 '일어나는' 거야. 그다음에 해야 할 일들은…

자신에 대한 호기심

저항아가 자신의 뇌를 발견 모드로 훈련시키는 한 가지 방법은 **자신이 누구이고, 어떤 사람이 되고 싶은지** 궁금해하는 거야. 다시 말해서, **'자신'에 대해 발견 모드가 되는 거지.** 이것은 꼭 필요한데, 테크 회사들은 네 행동과 성격을 자신들에게 돈을 많이 벌어다 줄 수 있는 방식으로 변화시키려고 하기 때문이야. 만약 네가 자신이 누구이고 또 어떤 사람이 되고 싶은지 모른다면, 테크 회사들은 매우 기뻐하며 너 대신에 그것들을 결정할 거야.

자신이 누구이고, 어떤 사람이 되고 싶은지 알아내는 것은 아주 긴 시간이 걸리는 과정이야.(사실, 이것은 십대 청소년으로 살아가는 과정의 일부야.) 그리고 그것을 알아내는 가장 좋은 방법은 세상으로 나가서 이런저런 일을 직접 해 보는 거야. 아니면 스스로에게 몇 가지 질문을 던지는 것도 큰 도움이 될 수 있어. 예컨대 이런 질문들 말이야.

★ **함께 시간을 보내고 싶은 사람들은 누구야? 그들이 재미있거나 흥미로운 이유는 무엇이야?**

나는 트램폴린 공원과 수영장에 가길 좋아하고, 집 밖에서 야외 활동을 하는 게 좋아.

-테일러, 13세

★ '현실 세계'에서 존경하는 사람을 생각해 봐. 그 사람은 가족이나 선생님, 코치, 오빠나 형, 언니나 누나 또는 친구가 될 수도 있어. **그 사람의 좋은 점과 존경할 만한 점은 무엇인가?**

★ **다른 사람들에게 너의 좋은 점과 존경할 만한 점은 무엇이었으면 좋겠어?**

★ **자유 시간에 정말로 하고 싶은 것은 무엇이야?**(예: 카드 게임 하기, 초콜릿 케이크 만들기, 자전거 타기, 친구들과 함께 놀기)

★ **새로 도전하고 싶거나 관심 있는 것이 있다면?**(예: 연기 배우기, 드럼 연주하기, 뜨개질 도전하기)

★ **이미 해 봤거나 시도한 것 중에서 더 잘하고 싶은 것은?**

★ **네가 정말 중요하게 여기는 것은?**(예: 어려운 사람 돕기, 세상을 더 나은 곳으로 만들기, 좋은 친구 되기)

유용한 팁: 나중에 되돌아볼 수 있도록 이 질문들에 대한 답을 공책이나 일기에 적어 둬. 지금 모든 답을 다 알지 못하더라도 염려할 것 없어. 다 안다면, 오히려 그게 이상한 거야!

주의를 기울여야 할 것에 주의 기울이기

발견 모드로 더 많은 시간을 보내고 싶다면, 주의를 기울여야 할 것에 주의를 기울일 필요가 있어. 왜냐고? 자신의 시간과 주의를 어떻게 쓸지 스스로 선택하지 않는다면, 테크 회사들이 네 뇌를 해킹해 자신들에게 돈을 벌어다 주는 방식으로 변화시킬 수 있기 때문이야. 그러니 자기 자신에게 다음 질문을 던지는 습관을 들이도록 노력해.

★ **나는 지금 무엇에 주의를 기울이고 있는가?**

★ **이것이 내가 정말 주의를 기울이고 싶은 대상인가?**

예를 들어 친구와 함께 놀고 있는데, 지난주에 망친 역사 시험이 자꾸 머릿속에 떠오른다고 하자. 이것은 네가 지금 방어 모드에 있다는 소리야. 그러니 당장 친구에게 주의를 기울임으로써 발견 모드로 전환하도록 '선택'할 수 있어.(정말이야. 너는 실제로 무엇에 주의를 기울여야 할지 선택할 수 있어. 항상은 아니더라도 때로는 그럴 수 있어.) 자신의 주의가 다른 데로 흘러간다는 사실을 알아챘다는 게 중요해. 그러면 그것을 되돌려 주의를 기울이고 싶은 대상으로 흘러가게 할 힘이 생겨.

5-4-3-2-1

이것은 뇌를 방어 모드에서 발견 모드로 전환시키기에 아주 좋은 또 한 가지 방법이야.(뿐만 아니라 이 방법으로 주의 지속 시간을 늘리고, 불안하거나 따분한 순간에 대처할 수도 있어.) 자신의 감각에 주의를 집중하면서 조용히 다음과 같이 해 봐.

★ 눈에 보이는 것 다섯 가지를 말해 봐. 예를 들면, "빨간 모자를 쓴 여자가 지나가네. 저기 개가 나무에 코를 대고 냄새를 맡고 있네."

★ 촉감을 느낄 수 있는 네 가지를 말해 봐. 예를 들면, 앉아 있는 의자, 옷의 질감, 피부에 스치는 산들바람의 느낌 같은 것이 있겠지.

★ 귀에 들리는 소리 세 가지를 말해 봐.

★ 코로 느낄 수 있는 냄새 두 가지를 말해 봐.

★ 느낄 수 있는 맛 한 가지에 집중해 봐.

따분함을 받아들이는 것이 행복감을 높이는 데 정말로 큰 도움이 되었어.

–사이야, 16세

한번 해 봐!
아무것도 하지 않는 연습

다음번에 어떤 사람이나 뭔가를 기다린다면, 혹은 아무 할 일 없이 버스나 자동차 안에 앉아 있다면, 그 조용한 순간을 혼자서 즐길 수 있는 방법이 뭐가 있을지 찬찬히 생각해 봐.

부모님과 선생님께 '스스로 자라도록' 도와 달라고 해

아주 간단한 방법으로 뇌를 발견 모드로 바꾸고 삶을 더 흥미진진하고 재미있게 만들 수 있어. 그것은 바로 '**렛그로**(Let Grow) **프로젝트**'를 시작하는 거야. 이 프로젝트는 부모님께 허락을 구해서 혼자 해 볼 수도 있고, 선생님께 부탁해서 우리 반 전체 과제로 내달라고 할 수도 있어.

어떻게 하는 거냐고? 방법은 아주 간단해!

> **렛그로 프로젝트:**
>
> **부모님의 허락을 받되 부모님의 간섭이나 도움 없이 새로운 일에 도전해 봐.**

1. **현실 세계에서 스스로 시도할 수 있는 새로운 일을 선택해.**

   이전에 어른의 간섭이나 감독 없이 해 본 적이 없는 일을 골라 봐. 심지어 어려워 보이고 약간의 두려움까지 드는 일이면 더욱 좋아. 혼자 할 수도 있고, 친구나 형제와 같이 해도 좋아. 단, 어른이 개입해서는 안 돼. 그런 일은 개인적으로 재미있거나 흥미로워 보이는 것일 수도 있고, 가족에게 도움이 되는 것일 수도 있고, 둘 다일 수도 있어.

   예를 들면, 이런 일들이 있어.

   ✓ 부모님의 감독 없이 친구들과 함께 밖에서 놀거나 자유 시간 보내기.

   ✓ 걸어서 또는 자전거를 타고 학교나 친구 집 가기.

- ✓ 부모님이 밖에서 또는 차에서 기다리는 동안 가게나 식당에 가서 필요한 물건 사 오기.
- ✓ 처음부터 끝까지 혼자서 심부름 완수하기.
- ✓ 처음 만난 사람에게 먼저 인사를 건네거나 말 걸어 보기.
- ✓ 아침이나 점심 식사 스스로 차려 먹기.
- ✓ 이웃의 부탁 들어주기.
- ✓ 부모님을 위해 직접 한 끼 요리하기. 친구나 형제와 힘을 합쳐도 좋아.
- ✓ 뭔가를 고치는 법 배우기.
- ✓ 잔디 깎기.
- ✓ 혼자서 대중교통 이용하기.
- ✓ 이웃을 위해 눈을 치우거나 낙엽을 쓸거나 육아를 돕거나 세차를 하는 등의 아르바이트를 통해 용돈 벌기.

스스로 할 수 있는 그 밖의 일에 대해 더 많은 아이디어를 얻고 싶으면, LetGrow.org를 방문해 봐.(부모님과 선생님도 방문해 보라고 권해.)

나는 어린 시절에 대부분의 시간을 밖에서 놀면서 보냈고, 새로운 것을 많이 시도했지. 그러다가 다쳐서 상처가 생기기도 했지만, 부모님에게 달려가는 대신에 혼자서 해결했어. 덕분에 내가 잘 성장할 수 있었다고 생각해.

-미아, 19세

여기서 **'현실 세계'란 부분이 중요한데,** 현실 세계에서 이룬 성과가 화면에서 얻는 보상보다 훨씬 큰 만족감과 즐거움을 주기 때문이야. 예를 들어 케이크 만드는 법을 배운다면, 누가 그것을 먹는 영상을 보는 대신에 실제로 케이크를 만들어서 먹을 수 있어. 그리고 혼자서 동네를 돌아다니는 법을 터득한다면, 친구 집을 찾아가 문을 두드리고 함께 놀 수 있어. 또, 진짜 레모네이드 가판대를 세워 레모네이드를 판다면, 진짜 돈을 벌 수 있고, 그걸로 필요한 것을 사거나 원하는 일을 할 수 있어.

2. 간단한 계획을 세워.

네가 어떤 일을 할 것인지, 그리고 예상 밖의 일이 일어날 때 어떻게 대처할지를 놓고 부모님과 대화를 나눠 봐.

유용한 팁: 하루를 보내면서 즐거움을 주거나 웃게 만드는 작은 것들에 주목해 봐. 이것은 뇌를 발견 모드로 머물게 하는 쉬운 방법이야.

3. 이제 부모님의 도움 없이 직접 해 보자!

처음에는 조금 떨릴 수 있어. 그건 아주 당연한 거야. 하지만 시간이 조금 지나면, 생각보다 자신감 넘치는 너의 모습에 깜짝 놀랄지

> 새 친구를 만들고, 처음 만난 사람에게 자신을 소개하고, 혼자서 빵을 굽고, 새로운 취미를 배우고, 이웃의 개를 돌보는 일을 해 봐. 멋진 일은 얼마든지 있어!
>
> —타리크, 18세

도 몰라. 이런 경험이 아름다운 이유가 바로 이거야. 새로운 일을 자꾸 시도할수록, 그다음 새로운 일을 시도할 때 두려움이 훨씬 줄어들거든. 설령 생각한 것처럼 모든 일이 완벽하게 풀리지 않더라도 말이야. 그렇게 혼자서 하나씩 배워 가고, 실수나 실패를 해도 다시 툭툭 털고 일어서는 일이 많아질수록 너는 더 큰 독립심을 느끼게 될 거야. 왜냐하면, 실제로 네가 그만큼 훨씬 더 독립적인 사람으로 성장했기 때문이지.

유용한 팁: 집 밖에서 새로운 것을 시도해 보고 싶은데, 네게 스마트폰이 없다는 이유로 부모님이 허락하지 않는다면, 가족 누구나 대여할 수 있는 '공용' 전화기를 마련해 달라고 제안해 봐. 이것은 특정 개인의 소유가 아닌 기본 휴대폰으로, 너와 형제가 집 밖으로 나갈 때 빌려 갔다가 밖에서 일을 다 본 뒤에 반납하면 돼.

한 주 또는 한 달이 지날 때마다 새로운 경험을 하나씩 추가해 봐. 가능하다면 친구와 함께 새로운 경험을 해 봐. 부모님이 처음에는 망설이더라도, 네가 더 많은 독립심과 책임을 감당할 능력이 있다는 걸 증명하면, 점점 더 열린 마음으로 허락할 거야.(그리고 부모님이 혼자서 하던 일들 중 일부를 네가 처리하는 걸 보면 분명 좋아할 거야.)

저항아는 어려운 일을 두려워하지 않아

저항아는 새롭고 어려운 일을 시도하는 것이(설령 실패하더라도) 성장하고 더 강해지는 데 도움이 된다는 사실을 잘 알아. 그리고 노력을 많이 해야 하는 일에서 인생의 가장 만족스러운 성취를 맛볼 수 있다는 사실도 잘 알아.

> 어려운 일을 하나 해내면, 다른 일도 해낼 수 있어.
>
> -타일러, 18세

어른들의 걱정?

만약 부모님이 네가 혼자서 집 밖으로 나갔다가 '나쁜 일'이 일어날까 봐 걱정한다면, 비록 뉴스에서는 끔찍한 이야기가 넘쳐나긴 하지만, 1990년대 이래 미국에서 폭력 범죄 발생률이 크게 줄어들었다는 사실을 알려 주도록 해. 온라인에서 활동하는 어린이에게 닥칠 수 있는 온갖 위험을 감안하면, 혼자 방 안에서 SNS나 게임을 하면서 낯선 사람과 채팅하는 것보다 오히려 집 밖으로 나가 노는 것이 더 안전할 수 있어.

또한 새로운 일을 시도하면 자신감과 자존감이 높아지지만, 혼자서 아무것도 시도하지 못하게 하면 오히려 위험할 수 있다고 강조해. 빨래나 장보기, 요리, 청소, 길찾기와 같은 기본적인 일을 익혀 두지 않는다면, 나중에 어떻게 집을 나가 일자리를 얻고 독립해 살아갈 수 있겠어? 가게까지 걸어가거나 동생을 돌보는 것과 같은 작은 일이 책임감과 문제 해결 능력을 키워 준다는 이야기도 부모님께 들려주렴. 이런 것들은 어떤 화면에서도 배울 수 없거든.

저항아는 현실 세계에서 다른 사람들과 함께 활동한다

원격 수업을 하는 날에 온라인 수업을 받은 적이 있다면, 온라인으로 사람들과 시간을 함께 보내는 것이 직접 만나 시간을 함께 보내는 것과 느낌이 사뭇 다르다는 사실을 알고 있을 거야.

최고의 순간들은 화면에서 멀리 떨어진 곳에서 일어나.

-닉, 22세

이 때문에 저항아는 **친구들을 직접 만나 함께 어울려 활동하면서 많은 시간을 보내려고** 노력해. 이것이 자신의 삶을 '진짜' 우정과 자유와 재미로 가득 채우는 최선의 방법이야.

자신과 함께 할 사람들을 찾도록 노력해

과학자들은 '많은 친구'보다는 소수의 '좋은 친구'가 있는 게 훨씬 중요하다는 사실을 발견했어. 그러니 **친구가 적다고 해서 걱정하지 않아도 돼.** 좋은 친구 한 명만 있어도 충분하니까.

만약 현실 세계에서 '새로운' 친구를 사귀길 원한다면, 어디서 그런 친구를 찾을 수 있을까? 같은 반 친구나 팀원 중에서 관심사가 비슷하고, 나 자신의 본 모습을 드러나게 해 주거나 웃게 해 주는 사람을 찾아봐.

동아리에 가입해 봐!

–브리스털, 15세

밖으로 나가 직접 활동하길 좋아하는 친구를 찾아봐!

–타일러, 18세

이렇게 해 봐!

같은 반 친구 중에 알긴 하지만 그다지 친하지 않은 친구를 골라 어떤 일을 함께 해 보자고 해 봐. 점심을 함께 먹는 것처럼 간단한 일이라도 좋아!

유용한 팁: 평소에 책이나 잡지, 스케치북을 들고 다니는 습관을 들여 봐. 그러면 뭔가를 기다릴 때 스마트폰 없이 시간을 즐겁게 보낼 수 있을 뿐만 아니라, 자신이 저항아임을 주변에 알리는 징표로 활용할 수 있어. 같은 생각을 가진 새로운 친구를 찾는 데 도움이 될 거야.

행복을 느낄 수 있는 활동을 해 봐. 너의 진정한 가치를 알아 주는 사람들을 찾아봐.

–사이야, 16세

자신만의 재미를 발견하라

함께 할 사람들을 찾았으면, 다음 단계는 **하고 싶은 일을 찾는 거야**. 다른 사람들과 함께 하는 일도 좋고 혼자 하는 일도 좋아.

왜 다른 사람들과 함께 해야 하느냐고? 친구들과 함께 하면 아주 재미있기 때문이야!

왜 혼자 하느냐고? 다른 사람들과 함께 할 수 없는 일도 있고, 혼자서 시간을 보내는 게 편한 사람도 있기 때문이지.

또, **현실 세계의 취미와 재주를 더 많이 갖고 있을수록** 혼자서 하건 친구와 함께 하건 **진짜 재미를 즐기기가 더 쉬워**.

그러니 혼자서 하건 다른 사람과 함께 하건, '오로지 재미를 위해' 하고 싶거나 관심이 있어서 시도해 보고 싶은 일들의 목록을 공책에다 적어 봐.(혹은 친구와 상의해 만들어 봐.)

우선 목록 만드는 걸 도와줄 수 있는 아이디어 몇 가지를 소개할게.

스마트폰 없이 재미있게 시간을 보내는 법

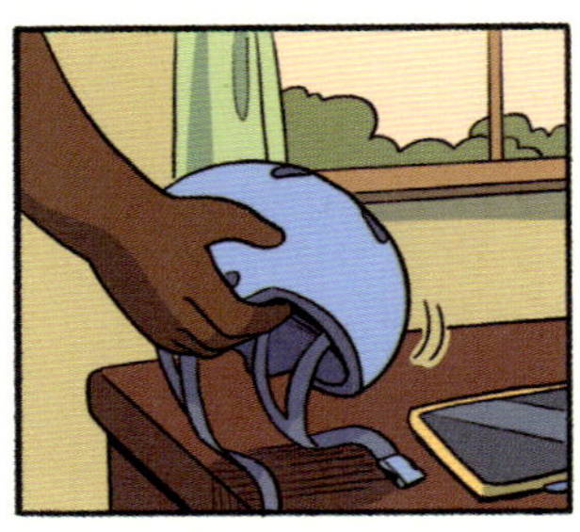

프리스비 던지기 * 저글링 배우기 * 낯선 동네 탐험하기 * 악기 하나 마스터하기 * 밴드 만들기 * 캠핑 가기 * 무술 배우기 * 바느질 배우기 * 고장 난 물건 고쳐 보기 * 내가 쓸 물건 직접 만들어 보기(DIY) * 데생 배워 보기 * 그림 그리기 * 캐치볼 하기 * 책 읽기 * 수영 배우기 * 기계나 사물의 원리 파헤쳐 보기 * 볼링 치기 * 봉사 활동 하기 * 요리하기 * 안 먹어 본 음식 도전하기 * 자전거 타기 * 엽서 써서 보내기 * 모르는 사람에게 친절 베풀기 * 목도리 뜨기 * 아지트 만들기 * 내 방 구조 바꾸어 보기 * 동아리 가입하기 * 내가 직접 동아리 만들기 * 팝콘 먹으며 다 함께 영화 보기 * 밤샘 파티(파자마 파티) 하기 * 일기 쓰기 * 디카나 폴라로이드 카메라로 사진 찍기 * 별 구경하기 * 산책하기 * 나만의 안무 짜 보기 * 코인 노래방 가기 * 퍼즐 맞추기 * 보드게임 하기 * 스크랩북 만들기 * 우리들만의 뉴스레터 만들기 * 멍때리며 구름 구경하기 * 새 관찰하기 * 이웃 도와주기 * 소풍 가기 * 스케이트나 보드 타기 * 연날리기 * 종이접기 마스터하기 * 나만의 액세서리 만들기 * 강아지랑 놀아 주기 * 타임캡슐 만들기 * 루빅큐브 기록 깨기 * 시 쓰기 * 노래

가사 쓰기 * 마술 배우기 * 풍선 아트 배우기 * 친구에게 깜짝 선물 챙겨 주기 * 이야기 써 보기 * 기발한 물건 발명하기 * 체스나 바둑 배우기 * 요요 기술 배우기 * 종이비행기 멀리 날리기 대회 열기 * 아침 일찍 일어나 일출 보기 * 롤 모델의 전기 읽기 * 새로운 운동 시작하기 * 하이킹이나 등산하기 * 나만의 팝업스토어 만들어 보기 * 쿠키 굽기 * 우정 팔찌 만들기 * 처음 보는 사람에게 인사하기 * 낚시하기 * 물수제비뜨기 * 소중한 사람에게 감사 편지 쓰기 * 야외 캠핑 요리하기 * 우리 동네 역사 알아보기 * 새로운 종류의 음악 들어 보기 * 목공 배우기 * 나무 타기 * 해먹 설치하고 쉬어 보기 * 부모님께 아침 차려 드리기 * 연극이나 뮤지컬 도전하기 * 처음 해 보는 일 시도하기 * 물구나무서기 연습하기

유용한 팁:
밖으로 나가라

실내에 박혀 지낸 시간과 비교할 때 밖에 나가 활동하고 난 뒤의 느낌이 얼마나 다른지 알아챈 적이 있니? 과학자들은 밖에서(특히 자연에서) 시간을 보내면 행복감이 높아지고 불안감은 낮아진다는 사실을 발견했어. 그러니 시간이 날 때마다 밖에 나가 친구들과 함께 활동을 하도록 해.

더 큰 재미를 얻을 수 있는 꿀팁

재미를 쉽게 느낄 수 있게 만들라

저항아는 사람들이 화면에 많은 시간을 쓰는 이유 중 하나가 그러기가 쉽기 때문이라는 사실을 알아. 그래서 저항아는 진짜 재미를 더 쉽게 느낄 수 있도록 만들려고 노력해!

기타를 밖에 꺼내 놓거나, 가방 속에 책을 넣어 두거나, 카드 한 벌을 챙겨 다니도록 노력해 봐. 친구나 가족이 찾아왔을 때 함께 즐길 수 있는 게임을 꺼내고, 침대 곁에 일기장이나 책을 놓아두도록 해. 프리스비나 야구 글러브, 농구공, 축구공을 문 옆에 보관해. **좋아하는 것은 하기가 쉽도록, 반면에 화면이 주의를 빼앗아 가기는 어렵도록 주변 환경을 만들어 봐.**

> 마음먹고 찾아보면, 뭐든지 가능한 세계와 만나게 돼.
>
> -아이던, 14세

연기를 하며 살지 말고 자신을 위한 삶을 살라

SNS와 유튜브에 올릴 콘텐츠를 만드느라 많은 시간을 쏟아붓기 시작하면, 자기가 진짜 재미있어서 하던 일들을 멈추고, 이제 다른 사람들의 시선을 끌기 위해 콘텐츠를 만들기 시작하는 경우가 많아. 다시 말해서, 자신을 위한 삶을 사는 대신에 누군가 나를 보고 있다고 생각하면서 연기를 하며 살아가기 시작하는 거야. 이것이 많은 저항아가 **SNS 계정을 개설하거나 온라인에 영상을 올리지 않기로** 선택한 이유야.

> 단지 SNS를 위해 어떤 일을 하는 것은 창피한 짓이라고 생각해.
>
> –샘, 17세

이렇게 해 봐!

나 자신한테 질문하는 습관을 들여 보자. 이게 진짜 나를 위한 건지, 아니면 내가 신경 쓰는 누구 때문인 건지. 혹시 그냥 잘난 척하고 싶어서, 아니면 남들 관심을 받고 싶어서 하는 건 아닌지 말이야.

남에게 이상한 사람으로 보이는 걸 두려워하지 마

저항아는 뭔가 새로운 것을 시도하면 항상 실패할 가능성이 있다는 걸 잘 알아. 처참하게 실패할 수도 있어. 그래도 괜찮아! **완벽한 사람은 아무도 없어!**

다른 사람들이 어떻게 볼지 지나치게 신경을 쓰거나 사람들이 비웃을까 봐 걱정하는 대신에 자신을 유머 소재로 삼아 웃음거리로 만들어. **네가 먼저 웃으면서 넘기면, 아무도 너를 놀릴 수 없어.**

실수를 할 권리

누구나 실수를 하거나 서툰 모습을 보이거나 창피한 짓을 저질러. 인간이라면 어쩔 수 없는 거야. 우리는 실수를 하고서도 계속 나아갈 권리가 있어. 나의 동의 없이 누군가의 카메라에 찍히거나, 온라인에 오르고, 밈이 되어 비웃음거리가 되는 일 없이 말이야.

이 말은 친구와 부모님에게 자신의 허락 없이는 사진이나 영상, 스토리를 올리지 말라고 요구할 권리가 있다는 뜻이야. 인터넷에 기록되지 않고, 그 순간으로만 남겨야 하는 것들도 분명히 있으니까.

> 만약 식탁에서 한 사람이 스마트폰을 들여다보기 시작하면, 나머지 모든 사람이 스마트폰을 들여다보는 것은 시간문제야.
>
> –타일러, 18세

이렇게 해 봐!

함께 모였을 때 친구들에게 녹음되거나 촬영될까 봐 불안해하지 않도록 스마트폰을 치우자고 이야기해 봐.(만약 이렇게 말하기가 꺼려지면, 부모님께 부탁해 친구들이 집에 들어올 때 모든 스마트폰을 바구니에 넣는 게 규칙이라고 말하게 해 봐. 그러면 네가 그렇게 강요하는 게 아니라 우리 집의 규칙이라고 설명할 수 있으니까.) 사진이나 영상을 찍거나 어떤 것을 온라인에 올릴 때에는 반드시 친구의 허락을 구하도록 해. 그리고 친구에게도 똑같이 행동하도록 부탁해.

사진에 대처하는 방법

많은 저항아는 친구들과 함께 사진 찍는 걸 좋아해(모두가 동의한다는 조건 하에). 하지만 함께 지내는 시간이 사진 찍는 행사로 변함으로써 만남에서 느끼는 진짜 즐거움을 방해받길 원치 않아. 그리고 일단 필요한 사진을 찍었으면, 카메라를 치우지.

저항아는 사진을 친구와 함께 공유하고 싶으면, SNS가 아니라 문자 메시지나 이메일을 통해 개인적으로 공유해. SNS에 사진을 올리면, 누구나 그것을 볼 수 있기 때문이지(때로는 영원히). 어떤 저항아는 사진을 인쇄해 앨범과 스크랩북으로 만들기도 해.(심지어 필름 카메라를 사용하는 저항아도 있어!)

이렇게 해 봐!

부모님이나 나이 많은 친척에게 스크랩북이나 사진 앨범, 졸업 앨범을 보여 달라고 해 봐. 그들의 어린 시절이나 십대 시절의 모습을 볼 수 있도록 말이야. 그리고 요즘 사람들이 사진 찍을 때 취하는 포즈와 예전 사람들의 포즈에 어떤 차이가 있는지 살펴봐.

우리만의 아지트, 제3의 장소를 만들라

집도 학교도 아니면서, 마음 편히 친구들과 어울릴 수 있는 공간을 **아지트, '제3의 장소'**라고 부를 수 있어. 부모님이나 선생님 없이 시간을 보낼 수 있는 곳이지. 중학생이 되었다면 공공장소를 하나 골라 봐. 공원이나 도서관, 쇼핑몰, 문화 센터 같은 곳을 골라 친구들과 함께 시간을 보내는 장소로 삼을 수 있어.

만약 부모님이 친구들끼리 그런 장소에 가기에 네가 너무 어리다고 생각한다면, 등교 전이나 방과 후에 학교 운동장에서 친구들과 놀아도 되느냐고 물어봐. 실제로 요즘 많은 학교에서 '플레이 클럽(Play Club)'이라는 걸 시작하고 있어. 플레이 클럽에 등록하면 방과 후에 친구들과 학교 운동장에서 마음껏 자유 시간을 보낼 수 있어. 어른 책임자는 오직 긴급 상황이 발생할 때에만 최소한으로 개입하고, 아이들은 조직화되지 않은 자유 놀이를 하지.

아니면 부모님께 부탁해 집이나 마당을 네가 친구들과 함께 즐겁게 놀 수 있는 장소로 만들어 달라고 할 수도 있어. 예를 들면, 마당에 네트나 농구대를 설치할 수도 있고, 집 안에 각종 놀이 기구와 게임, 간식을 비치할 수도 있지. 혹은 충분한 공간만 있다면, 너나 친구 집 뒤뜰에 너희들만의 아지트를 만들어도 좋아!

만약 어떤 활동이 재미있으면, 그것을 반복하라

어떤 것을 시도해 즐거웠다면, 그것을 다시 하려고 노력해 봐. 그것을 다시 할 때에는 처음 할 때보다 훨씬 쉬울 거야. 예를 들어 금요일 오후마다 학교가 끝난 뒤에 공원에서 친구들과 만나 함께 놀기로 정할 수도 있고, 토요일 저녁마다 같은 친구들과 함께 영화를 보거나 게임을 하면서 시간을 보내기로 정할 수도 있지.

폰을 덜 하면 재미는 커지고 재미가 커질수록 폰은 더 멀어지고

현실에서 진짜 재미를 더 많이 느낄수록, 스마트폰을 하고 싶은 생각이 사라져.

–타일러, 18세

9월
설레는 시작,
알찬 열매를 맺는 새학기!!!
그래, 화요일마다
방과 후에 만나자!
내가 끝내주는 하이킹 코스를
짰거든. 나중에는 1박 2일로
캠핑도 가 보자.
야외 활동
동아리

안녕!

!

안녕,
캘리!
이번 여름
동안 무척 보고
싶었어.

음… 많이
생각해
봤는데…
나도
이 동아리에
가입할 수
있을까?

물론이지!

다만… 동아리 시간에는 스마트폰을 치워야 해.

야외에서 활동할 때에도.

좋아.

그 점은 걱정하지 않아도 돼.

밴드에 관심 있니?
어,
그러니까…
그래,
관심 있어.
한번 도전해
보고 싶어.
잠깐만, 그런데
밴드에 피아노 연주자
자리는 있지?
하하!
물론 있을 거야!

제대로 된
영상을
본 것 같네!
하하. 실은
실제로 연습을
많이 했어.
그래서
말인데…
언제 내게
멋진 기술 좀
가르쳐 주지
않을래?

음…

좋아!
하지만 영상 찍어서
온라인에 올리는 건
원치 않아.
나 타는거 못 봤지?
나도 싫어!

그럼,
지금 갈래?
그래, 좋아!

찰칵!

하하!

엇, 저거
검은머리지빠귀
맞지?
하하!
검은머리박새야.
그래도 거의 비슷하게
맞혔어.

에마, 이렇게
밖에서 다시 함께
지내니까 너무 좋다.

나도!

캘리에게,

맺음말
너의 미래는
네 손에 달려 있어
맺음말

어린 시절은 인생에서 가장 좋은 때야. 그 좋은 시절을 스마트폰에 낭비하지 않았으면 좋겠어.

-켄덜, 22세

축하해! **이제 너는 기술을 책임 있게 사용하고 자신을 위해 경이로운 삶을 살아가는 방법에 대해 누구보다 더 많은 것을 알게 되었어.**

이제 너는 모든 사람이 화면에 많은 시간을 쓰기 이전의 어린이와 십대 청소년이 얼마나 더 즐겁게 살았는지 알게 되었어. 그리고 그런 행동을 '멈추기만' 한다면, 지금 우리도 얼마나 즐겁게 살 수 있는지 알아.

이제 너는 기술의 덫에 빠진 윗세대 사람들에게 무슨 일이 일어났는지 잘 알아. 그리고 그들이 저지른 실수를 피하는 방법도 알아.

테크 회사들의 비밀도 알고, 결국 우리에게 테크 회사들이 필요한 것보다 테크 회사들에게 우리가 더 필요하다는 사실도 알게 되었어.

이제 기술을 도구로 사용하는 방법과 기술이 '우리'를 사용하지 못하게 막는 방법도 알아.

그리고 저항아 집단에 가담하는 쪽을 선택하면 앞에 무엇이 기다리고 있는지도 알아. 바로 **진짜 우정**과 **진짜 자유**와 **진짜 재미**가 기다리고 있지.

그러니 어서 그곳으로 가. 새로운 것들을 시도해 봐. 모험도 즐기고, 실수도 저질러 봐.

만약 저항아의 길을 걷는다면, 그 삶은 항상 쉽지만은 않을 거야. 완벽하지도 않을 거고. 하지만 그 삶은 온전히 네가 선택한 너의 삶이야.

그리고 그것은 아주 **멋진 삶이 될 거야.**

저항의 불길 널리 퍼뜨리기

누가 저항아가 되기로 결정할 때마다 그만큼 마법사의 힘이 약해져. 그러니 이 책을 읽고 배운 것에 영감을 얻었다면(혹은 분노를 느꼈다면), 사람들에게 알려 줘!

★ 친구와 형제에게 알려 줘

이 책을 읽으며 놀랐거나, 무언가 깨달았거나, 혹은 화가 나는 부분이 있었니? 그렇다면 친구나 형제에게도 알려 줘. 테크 회사들이 우리 뇌를 어떻게 해킹하고 있는지, 그들의 말이 왜 사실이 아닌지 말이야. 그리고 너와 같은 저항아가 되어 '진짜' 재미를 더 많이 느끼며 살아가고, 스마트폰과 SNS와 게임에 자신의 삶을 빼앗기지 말라고 설득해 봐.

★ 부모님과 보호자에게 도움을 요청해

부모님과 주변의 어른들이 너희가 십대 시절을 스마트폰에 푹 빠진 채 보내길 원치 않는다면, 중독성이 강한 기술로부터 너희가 스스로를 보호할 수 있도록 도와 달라고 요청해. 그리고 친구들과 함께 현실 세계에서 재미있게 놀 수 있도록 더 많은 자유를 달라고 해.

SNS에서 벗어나도록 친구들을 좀 더 열심히 설득하지 않았던 게 후회돼.

-케일리, 21세

★ **선생님과 학교 책임자에게 이렇게 말해**

교장 선생님(혹은 이사장)에게 학교에서 사용하는 기술의 양을 줄이고, 학교에 있는 동안(점심시간과 쉬는 시간을 포함해) 스마트폰 사용을 금지하고, 플레이 클럽(226쪽 참고)을 만들자고 제안해 봐. 선생님과 코치에게는 학교와 관련된 정보를 전달할 때 SNS를 사용하지 말자고 이야기해. 그리고 선생님께 렛그로 프로젝트(211쪽 참고)를 시작해 볼 생각이 없는지 물어봐.

★ **지방 자치 단체 책임자와 국회의원에게 이렇게 요청해**

지방 자치 단체 책임자와 선출직 공무원에게 어린이와 청소년을 중독성 강한 기술과 해로운 온라인 콘텐츠로부터 보호하는 법과 규칙을 지지해 달라고 요청해. 편지를 보내도 되고, 전화를 걸어도 되고, 심지어 직접 대면할 기회가 있는 자리에 참석할 수 있는지 알아봐도 돼. 학교에서 스마트폰 사용을 금지하는 정책이 어린이와 십대 청소년에게 얼마나 중요한지 설명하도록 노력해 봐. 또, 끊임없이 주의를 분산시키는 디지털 기기 없이 현실 세계의 안전하고 재미있는 공간에서 잘 자라고 놀고 배울 기회를 제공하는 것이 얼마나 중요한지도 설명해.

주석과 출처

이 책에 나오는 모든 연구와 과학적 내용의 출처와 링크, 그리고 부모와 교사를 위한 지침, 기술을 다루는 방법에 관한 조언은 AmazingGeneration.com에서 볼 수 있어.

AnxiousGeneration.com: 스마트폰 중심 아동기를 되돌리고 현실 세계의 아동기를 회복하기 위한 운동의 거점이 되는 웹사이트야.

JonathanHaidt.com: 조너선 하이트(이하 '존')의 웹사이트야. SNS가 사회와 어린이에게 미치는 영향에 관한 존의 연구를 확인할 수 있어.

CatherinePrice.com: 캐서린 프라이스(이하 '캐서린')의 웹사이트야. 캐서린의 뉴스레터를 구독할 수 있고, 『스마트폰과 헤어지는 법』과 『파워 오브 펀』을 비롯해 캐서린이 어른과 십대를 위해 쓴 책에 관해 배울 수 있어.

AfterBabel.com: 이것은 존의 서브스택이야. 기본적으로 존과 그의 팀이 이 책에서 다룬 주제들과 관련된 연구와 해설을 발표하는 블로그야.

CatherinePrice.substack.com: 이것은 캐서린의 "살아 있음을 느끼게 하는 재미의 재발견" 서브스택이야. 캐서린은 여기서 재미와 스마트폰, 커뮤니티, 그리고 화면과 삶의 균형을 잘 유지하는 방법에 관한 글을 써.

LetGrow.org: 렛그로는 존 스커네이지와 르노어 스커네이지가 설립한 조직이야. 이 사이트에서 렛그로 프로젝트를 시작하는 방법과 학교에서 플레이 클럽을 만드는 방법에 대해 더 많은 정보를 얻을 수 있어.

감사의 말

맨 먼저 아름다운 일러스트레이션으로 우리의 개념에 생명을 불어넣어 준 신시아 유안 쳉에게 감사드린다. 펭귄 랜덤 하우스의 지혜로운 편집자 로리 호닉, 아름다운 레이아웃을 설계한 아트 디렉터 마야 타츠카와, 그리고 이 책의 추가적인 디자인 요소를 담당한 경이로운 팀인 오무 배리, 잰더 부마, 메리 케이트 맥데빗에게도 감사드린다. 또한 에이전트인 맥스 브록먼, 제이 맨델, 그리고 이 책을 전 세계에 소개하는 일을 맡은 PRH의 홍보와 마케팅 팀도 빼놓을 수 없다.

사려 깊은 편집과 처음부터 끝까지 막후에서 지원을 아끼지 않은 알렉스 아널드, 잭 로시, 르노어 스커네이지와 함께 아이디어와 피드백과 조력을 제공한 '불안 세대' 팀 전체에 감사드린다. 그 팀원들의 이름은 다음과 같다: 데이브 시시렐리, 리어 드레넌코트, 데브 에시마이어, 프레야 인디어, 래비 아이어, 캐서린 마팅코, 맷 매키너니, 로라 밀러, 케이시 막, 매디 모리스, 엘 오브라이언, 마리아 페트로바, 조애너 로솜, 페이턴 스턴스. 비평과 함께 사실 확인을 도와준 뉴욕 대학교 스턴 경영 대학원 기술 사회 연구소의 다음 사람들에게도 감사드린다: 애넘 아슬람, 닉 그레브, 제이키 레브월, 제이슨 루, 베넷 시펠, 데이비드 스타인.

개인적 이야기를 우리에게 나눠 준 모든 저항

아들에게 큰 감사를 드린다. 그들이 제공한 인용 구절과 프로필과 경험은 이 책의 토대가 되었다. 이 책의 원고를 검토하고 더 훌륭하게 다듬어 준 다음 십대 청소년들과 청년들에게도 감사드린다: 사마라 고턴, 프란체스카 하이트, 숀 킬링스워스, 소피아 러마, 가브리엘라 응우옌, 닉 페팅턴, 타일러 스몰우드, 벤 스페일로스, 소피 스틸거. 그리고 피드백을 제공해 준 다음 부모님들과 어린이들에게도 감사드린다: 제니 코널리, 루이즈 하토그, 미셸 워커, 앨바, 벨라, 지유, 카트리나, 릴리, 맥스, 노아, 파커, 라이더, 소피, 시어더. 공식 PRH 포커스 그룹을 조직한 그랜트 그리글랙, 앨리슨 월러치, 리사 켈리와 거기에 참여한 모든 어린이와 십대 청소년들에게도 감사드린다.

원고를 검토하면서 정확성과 효율성을 높여 주고 과학적 기반을 제공한 소아과 의사, 심리학자, 정신과 의사, 교사, 그 밖의 전문가에게 특별한 감사를 드린다: 래리 앰설, 바비 애셔, 아르투로 베하르, 조시 베레진, 오드라 볼후이스, 매리애나 브루소니, 소피아 추커스-브래들리, 애나 도넬리, 스콧 허먼, 비번 키드런, 메리 이디스 라이클리터, 애나 렘키, 로라 마케즈-개릿, 크리스 매케나, 매슈 러리, 메리 루 오그레이디, 니마 루해니파드, 리처드 리브스, 캘리 소피우닉, 엘리자베스 잭.

바쁜 와중에 귀한 시간을 내 원고를 읽고 비평을 해 준 추가 독자들에게도 감사드린다: 헤일리 첼레메도스, 그레이스 콜, 마이클 딘스모어, 알리사 푸엔테스, 제이드 가닛, 니콜 키튼, 매켄지 러브, 노아 밀러, 켈리 페트레일리아, 크리스 세이타.

존이 덧붙이는 말: 이런 기술들과 함께 살아가는 방법을 우리 모두가 궁리할 때 소중한 아이디어를 제공해 준 제인과 맥스, 프란체스카에게 고마운 마음을 전한다. 『불안 세대』를 어린이들이 즐길 수 있는 책으로 바꾸는 방법을 생각해 낸 캐서린에게도 큰 감사를 드린다. 당신과 함께 일하면서 아주 큰 재미를 느꼈다. 여기서 말하는 '재미'는 진짜 재미를 뜻한다.

캐서린이 덧붙이는 말: 위에서 언급한 사람들 외에 사랑과 지원을 아끼지 않은 내 가족, 우정과 뛰어난 편집 능력을 보여 준 바네사 그레고리, 그리고 P와 C에게 감사의 말을 전하고 싶다. 이들에 대한 나의 사랑과 감사는 말로 다 표현할 수가 없다. 무엇보다 존에게 무한한 감사를 드리고 싶다. 이 프로젝트를 진행하면서 보여 준 협력 정신과 관대함과 나에 대한 믿음뿐만 아니라, 스마트폰 중심 아동기를 되돌려 진짜 우정과 자유와 재미가 넘치는 아동기로 바꾸기 위해 헌신적인 노력을 펼친 것에 이보다 더 감사할 수는 없을 것이다.

옮긴이 **이충호**

서울대학교 화학교육과를 졸업하고, 교양 과학과 인문학 분야의 번역가로 활동하고 있다. 『신은 왜 우리 곁을 떠나지 않는가』로 제20회 한국과학기술도서 번역상을 받았다. 옮긴 책으로는 『사라진 스푼』, 『진화심리학』, 『통제 불능』, 『x의 즐거움』, 『오리진』, 『수학으로 생각하는 힘』, 『변화는 어떻게 일어나는가』, 『비만 해방』, 『멀티제너레이션, 대전환의 시작』, 『마침내 특이점이 시작된다』, 『불안 세대』 등이 있다.

10대를 위한 불안 세대

초판 1쇄 발행 2026년 2월 24일
초판 2쇄 발행 2026년 3월 20일

지은이 조너선 하이트 · 캐서린 프라이스
그린이 신시아 유안 쳉 **옮긴이** 이충호

발행인 윤승현 **단행본사업본부장** 신동해
편집장 김경림 **책임편집** 이민경
교정교열 장원정 **디자인** 최희종
마케팅 최혜진 이은미 **홍보** 반여진
국제업무 김은정 김지민 **제작** 정석훈

발행처 ㈜웅진씽크빅
출판신고 1980년 3월 29일 제406-2007-000046호

브랜드 웅진지식하우스
주소 경기도 파주시 회동길 20
문의전화 031-956-7430(편집) 02-3670-1123(마케팅)
홈페이지 www.wjbooks.co.kr
인스타그램 www.instagram.com/woongjin_readers
페이스북 www.facebook.com/woongjinreaders
블로그 blog.naver.com/wj_booking

ISBN 978-89-01-29947-1 73300

* 책값은 뒤표지에 있습니다.
* 잘못된 책은 구입하신 곳에서 바꾸어드립니다.